KB198906

페미니즘으로 부채 읽기

페미니즘으로 부채 읽기

베로니카 가고 · 루시 카바예로 지음
김주희 · 황유나 옮김

현실문화

한국어판 서문

2019년 아르헨티나에서 처음 출간된 『페미니즘으로 부채 읽기』는 연구, 성찰, 운동의 반향을 담은 결과물로, 영어, 포르투갈어, 이탈리아어, 루마니아어로 번역되었고 곧 프랑스어와 독일어판 출간을 앞두고 있다. 한국어판 번역 소식을 듣게 되어 매우 기쁘고, 번역에 힘써준 김주희와 황유나에게 특별한 감사를 전하고 싶다. 이를 계기로 동지이자 동료들과 교류할 수 있기를 바라며, 또한 가계 부채가 심각한 한국에서 페미니즘 논의에 기여할 수 있기를 바란다.

불과 얼마 전까지만 해도 그렇지 않았지만, 최근 들어서야 아르헨티나에서는 가계 부채가 공개적 토론을 할 단계에 들어섰고, 페미니스트 운동가이자 연구자인 우리가 여기에 기여한 바 있다. 우리는 여성 채무자의 높은 비율에 관심을 두고 이것이 2018년 아르헨티나 정부가 서명한 IMF 체결 조건인 구조조정과 어떻게 연결되어 있는지 주목해 왔다. 부채는 아래로 흘러내려 가정에 도달했다. 오늘날 극우파가 선거에서 승리하고, IMF가 여전히 일종의 유사 정부를 꾸리는 등 상황은 더 악화되었다. 동시에 거리와 집에서 저항하던 페미니스트 운동은 새 정부에게 '적'으로 규정되었다.

이 책에서 우리는 자본의 가치 증식에서 나타나는 변형들을 가시화하려면 역사적으로 평가 절하되었던 가정 공간을 이해하는 것이 중요하다고 본 페미니즘 논의로 되돌아갔다. 또한 지구적 수준에서 '그 전과 후'를 표시하는 중요한 국면인 팬데믹 기간에도 연구를 이어갔다. 팬데믹 시기 일어난 일들이 여전히 일상생활을 방해하고 있고, 세계를 재조직하는 중이며, 글로벌한 규모로 주체화에 개입하고 있다. 이는 일반적으로 정신 건강에 영향을 미치는 증상으로 나타난다.

사회적 재생산[1] 영역이 획득한 정치적 중심성, 즉 이렇게 재등장한 '사상의 동력idea-force'은 단지 학술적 논쟁에 국한되

1 [옮긴이] 이 책은 '사회적 재생산 이론 지도 그리기(Mapping Social Reproduction Theory)' 시리즈 중 한 권으로, 시리즈의 편집자는 티티 바타차리야(Tithi Bhattacharya)와 수전 퍼거슨(Susan Ferguson)이다. 티티 바차차리야가 낸시 프레이저, 친지아 아루짜와 함께 쓴 『99% 페미니즘 선언』에서 사회적 재생산은 "사람을 만드는 일" 혹은 "방대한 규모의 생명 활동"으로 정의된다. 사회적 재생산은 출산, 가사노동, 돌봄 노동부터 사회를 작동시키는 문화와 이데올로기 영역까지 넓은 범주를 포함하는데, 특히 마르크스주의 페미니즘에서 주장되는 핵심은 인간 노동력의 생산과 재생산이 생산 영역 밖에서 일어나는 동시에 자본주의 생산양식과 유기적인 관계를 맺는다는 점이다. 낸시 프레이저·친지아 아루짜·티티 바타차리야, 『99% 페미니즘 선언』 (고양: 움직씨 출판사, 2020), 78쪽.

는 것이 아닐뿐더러 기술적인 것은 더더욱 아니고 수년간 페미니스트 투쟁의 한 요소였다. 이러한 투쟁으로 동시대 자본주의의 착취, 지배, 폭력의 형태를 가장 정확하게 진단할 수 있게 되었다. 이와 같은 진단에 기반하여 (페미니스트는) 인종, 계급, 젠더 특권에 도전해 왔고 다른 방식으로 상호의존성을 사유하며 유지해 왔다.

사회적 재생산 비용은 미시적인 동시에 전 지구적 공간으로 이해되는 가정으로 떠넘겨지고 있다. 기본 서비스 비용의 상승은 수백만 인구의 일상생활에 빈곤과 변동을 가져오고, 어떤 공간이 현재를 재편성하는 '비용'을 축적하고 있는지 보여준다. 또한 전쟁은 특정 민족국가에 대한 긴축정책을 국제적으로 정당화하는 담론으로 다시금 활용되고 있다.

아르헨티나의 경우, 매년 200% 이상의 인플레이션과, 이 때문에 일상이 즉각적으로 빈곤해지는 극심한 상황에 직면해 있다. 우리가 글을 쓰는 바로 여기에서, 외채를 보유한 국제적인 대출 기관들과의 재협상이 어떻게 일상을 제약하는지 계속해서 경험하는 중이다. 오늘날 우리가 "금융 식민화"라고 부르는 것은 사회적 재생산의 공간을 가로채고 다양한 유형의 추출주의extractivism를 가속화한다. 우리는 이를 따라 신자유주의를 명확하게 정의할 수 있다. 신자유주의는 사회적 재생산의 공간에서 공적 자원과 공유 자원을 제거하며 발전하고, 이로 인해 개인은 자신의 소득만으로는 사회적 재생산을 충분히 보장할 수 없는 지경에 이른다. 오늘날 소득(임금, 정부 지원금, 연금 등)이 있다고 해서 기본적인 사회적 재생산이 보장되지는 않는다. 신자유주의가 이런 상황을 만들면서 부채는 의무이자 강제적인 것이 되었다. 그리고 부채가 의무이자 강제('금융 폭력')가 되자, 임금 혹은 소득은 (아르헨티나에서 정부 지원금과 연금에서 이미 그러했듯) 채무에 대한 일종의 구실이자 보증이 되기 시작했고, 이렇게 우리는 식민화 과정이 완벽하게 전개되는 것을 목격하고 있다. 우리는 약탈과 일상생활의 금융화가 재생산 위기를 극복하는 한 방법으로 불안정성의 영토에서 펼쳐지는 '내전'의 형태를 어떻게 조장하는지 알 수 있으며, 이는 불법 경제의 추진 및 프롤레타리아화와 함께 나타난다.

'무정부 자본주의자anarcocapitalist' 대통령인 하비에르 밀레이Javier Milei는 우리 삶에 대한 금융 통치 계획(불안정성에 대처해야 하는 모든 사람이 어쩔 수 없이 맞닥뜨리는 투기)을 최대한으로 끌어올리고, 그것을 반동적이고 여성 혐오적이며 가부장적인 담론과 결합시킨다. 일상생활의 불안정insecurity은 '우리 스스로 무장'해야 하며, 어떤 대가를 치르더라도 안전security[2]을 추구해야 한다는 담론을 부추긴다.

2 [옮긴이] '담보'라는 중의적 의미도 포함한다. 부채가 의무이자 강제가 되었다는 설명과 연관된다.

페미니즘은 불만을 조직화할 수 있게 했고, 다른 선택의 여지는 없다. 페미니즘을 통해 대규모의 지지와 횡단성을 구축할 수 있었고, 우리끼리만 이것을 이야기할 수는 없다. 페미니즘은 남성성 권한의 위기를 정치화했으며, 젊은이들에게 다른 네트워크와 참조점을 만들기를 요청했다. 앞으로 우리는 집단적 경계 태세를 세우고, 가정과 광장, 거리에서 광범위한 동맹과 전투력을 만들어나가는 데 전념할 것이다.

차 례

여는 글

티티 바타차리야

나는 히말라야 산기슭의 테라이Terai라는 지역에서 자랐다. 그곳엔 산을 흐르는 야생의 물줄기와 낮은 구름이 함께 물을 대는 울창한 사라수[1] 숲이 있었다. 나는 어린 시절의 짙은 사라수 나뭇잎 냄새를 기억하고, 내 발은 숲 바닥에서 부드럽게 바스락거리던 소리를 기억한다. 그리고 늦은 오후 비스듬히 기운 장난스러운 햇살이 큰 나무 뒤를 휙 지나가는 동물을 비추던 모습을 기억한다. 그런데 어느 여름, 우리 작은 마을을 방문한 정치인은 우리 숲이 "가치가 있다"라며 이 나무들을 베어 팔면 인도의 IMF 차관을 갚을 수 있다고 말했다. 우리 사라수, 우리 치타, 코끼리, 원숭이가 있는 야생 숲은 갑자기 낯선 이해

1 [옮긴이] 딥테로카르푸스과의 나무. 석가모니가 열반에 든 곳이 사라수 숲이라 하여, 불교에서는 이 나무를 신성시한다.

관계에 얽매였다. 숲은 더는 지역 공동체의 실질적 공급원이자 다양한 생명체의 서식지가 아니라 부채, 권력, 폭력의 추상적 관계를 통해 갑자기 세계 시장과 연결되었다.

초창기 구조조정 프로그램Structural Adjustment Programs (SAP) 당시 글로벌 사우스global south의 수많은 사람이 이해할 수 없었던 그 순간을 이해하게 해준 루시 카바예로와 베로니카 가고에게 감사의 말을 전한다.

그러므로 이 책은 주로 이해making sense에 관한 것이다. 자본주의하에서 추상적인 시장 메커니즘은 박탈당한 사람들의 삶에 구체적인 결과를 초래한다. 그러나 이러한 메커니즘은 작업 현장에서 잉여노동의 무형적 추출이든 비우량주택담보대출(서브프라임 모기지)에서 불투명한 재무 운영이 이루어지는 것이든, 그것의 영향을 받거나 피해를 보는 사람들의 시야에서는 가려져 있다. 카바예로와 가고는 좌파 학문의 훌륭한 전통에 따라 이러한 작동을 정확하고 알기 쉽게 보여줬고, 그래서 저항이 가능해졌다.

저자들의 명료한 분석으로 우리는 자본주의 부채의 진정한 목적이 단순히 빚진 자를 등에 업고 이익을 창출하는 것이 아니라 금융 테러로 복종을 강요하는 것임을 이해할 수 있게 되었다. 이 책은 집을 사고, 의료비를 지출하고, 교육을 받고자 빚을 져야만 하는 우리네 삶의 세계가 어떻게 빚으로 조직되는지 추적한다. 간단히 말해서, 부채는 우리 삶에 필요한 것들을 축적의 논리에 결박한다. 외채 및 인권에 관한 유엔 독립전문가Independent Expert on on Foreign Debt and Human Rights (IEFDHR)가 작성한 2018년 보고서에 따르면, 지난 수십 년간 부채에 따른 긴축으로 사회 서비스가 삭감되면서 빈곤 가구의 여성이 그렇지 않은 가구의 여성보다 훨씬 더 많은 시간을 무보수 돌봄 노동에 쓴다.[2] 정확히 말하자면, 부채가 가장 심각하게 망가뜨리는 것은 사회적 재생산 과정이기에 부채에 대한 페미니스트 독해가 필요하다.

카바예로와 가고는 단순히 사회적 재생산이라는 과제에 여성이 관계되어 있으므로 여성들이 부채 작동으로 가장 큰 피해를 본다는 식의 피상적인 관찰에 그치지 않는다. 대신, 『페미니즘으로 부채 읽기』는 자본주의 금융 자체에 관한 페미니스트 진단을 내놓는다. 이를 위한 첫 번째 이론 운동은 부채와 그 폭력을 가시화하는 것이다. 저자들이 보여주듯, '부채를 벽장에서 꺼내는 것[3]은 (…) 여성, 레즈비언, 트랜스trans people[4]

2 www.brettonwoodsproject.org/2018/12/bretton-woods-institutions-instrumentalgender-approach-ignores-structural-elephant-in-the-room/

3 [옮긴이] 벽장에서 꺼낸 부채(taking debt out of the closet)라는 말은 성소수자들의 커밍아웃(coming out of the closet)을 연상시키는 표현이다. 간결한 번역을 위해 '부채 커밍아웃'이라는 표현도 고민했으나, 소수자들이 자신의 성별 정체성과 성적 지향성을 드러내는 커밍아웃의 고유한 정치학을 고려하여 본문에서는 '부채를 벽장에서 꺼내다'와 같은 직역 표현을 사용하였다.

4 [옮긴이] trans people은 트랜스 남성, 트랜스 여성, 논바이너리, 젠더퀴어, 젠더플루이드 등 한국에서 주로 사용되는 '트랜스젠더'보다 훨씬 폭넓은 의미의 횡

에게 부채가 차별적으로 작동하는 방식을 보여주는 것'을 의미한다. 이러한 질문은 '온종일 계좌를 관리하는 데 시간을 보내는 빚을 진 여성, 주부, 여성 가장, 공식 부문 노동자, 대중경제popular economy[5] 노동자, 성노동자, 이주민, 슬럼가나 빈민가 주민, 흑인, 선주민 여성, 트라베스티,[6] 여성 농민, 학생' 가운데 발생하는 '**착취의 격차**differential of exploitation'에 주의를 기울일 것을 요구한다. 가장 중요한 것은, '부채를 가시화하고 그것의 성적 차이와 성별 차이를 보여주는' 이러한 방법론이 '**부채의 추상화 권력을 제거하는**' 방식이라는 점이다.

저자들은 본문 전체에 걸쳐 이와 관련된 많은 사실을 폭로한다. 실업자 단체인 풀뿌리조직연맹Federación de Organaciones de Base(FOB)의 활동가가 "동네 (…) 학교 교문 (…) 자

단적 퀴어 정체성을 포함하려는 저자의 의도가 담겨 있는데, 이 책에서는 이러한 저자의 의도를 살리고자 '트랜스'로 번역하였다.

5 [옮긴이] 라틴아메리카에서 1970년대 좌파 혁명의 시대에 광범위하게 협동조합을 형성했던 소상공인, 노점상, 장인, 개별 사업자 그룹은 신자유주의 정권이 대두하자 생존의 위기에 처하게 되었고, 국가와 자본의 레이더망에 포착되지 않는 '대중경제'라는 저항적 용어를 통해 공식 임금경제를 넘어서 풀뿌리 성격을 지닌 것으로 자신들의 자립 노동과 탈중심화된 경제를 인식하기 시작하였다.

6 [옮긴이] 젠더 연구자인 래윈 코넬(Raewyn Connell)과 리베카 피어스(Rebecca Pearse)는 각각의 사회가 서로 다른 젠더 범주를 인정해 온 사례의 예시로 브라질의 '트라베스티(travesti)'를 언급한다. 트라베스티에 대해 "이들은 종종 빈곤 상태에서 성노동으로 생계를 유지하기도 하는데, 육체적으로는 남성이지만 스스로는 자신들을 여성이라고 느낀다"라고 하면서 "이들은 삽입하는 쪽과 삽입받는 쪽을 강하게 구분하는 성적 문화 안에서 남성과 섹스를 한다"라고 설명하고 있다. 래윈 코넬·리베카 피어스, 『젠더: 젠더를 둘러싼 논쟁과 사상의 지도 그리기』, (현실문화, 2021), 216쪽.

녀를 의사에게 데려가는 클리닉 혹은 사람들이 계속 돌아다니는 시장" 등 매일의 일상생활을 만드는 접점에서 대부업체가 어떻게 전략적으로 자리 잡는지 이야기하는 부분은 이 책에서 가장 강렬한 인상을 주는 대목이다. 국가의 복지 지원 증명서만 있으면 대부업체를 이용할 자격이 주어진다. 정부 보조금을 받을 자격이 있는 사람은 대출받을 자격이 있는 것이다. 다시 말해, 자본주의 국가의 공적 혜택이 사기업에 채무를 지게 되는 구심점으로 활용되는 셈이다. 저자들은 이를 금융 테러리즘이라고 부르면서, 일상생활의 금융화는 "가장 빈곤한 이들이 (이제는 이들뿐만 아니라) 식량과 의약품을 구입하고 기본 서비스 납입금을 믿을 수 없이 높은 이자율로 분할 납부하도록 빚을 강요한다"라고 말한다.

이 책에서 강력하게 옹호하는 무질서, 심지어 그것을 구현하는 형식까지도 사실상 많은 토론과 논쟁을 불러일으킨다. 나는 페미니스트 그룹에 생기를 불어넣는 마음으로 카바예로와 가고가 제시하는 금융화의 개념화와 그것이 자본주의적 배치에서 수행하는 역할에 관해 몇 가지 이견을 제시하고자 한다. 이는 바리케이드의 같은 편에서 우리가 서로를 발견할 것이라는 확신에 입각한 불일치이다.

나는 저자들의 탈취dispossession 프레임에 근본적인 이견이 있다. 카바예로와 가고는 데이비드 하비David Harvey의 탈취에 의한 축적accumulation이라는 프레임을 확고하게 견지하는데, 이 프레임은 부채와 탈취의 뿌리 깊은 식민주의적 성격을 분석하는 데 도움을 준다. 그렇지만 아마도 나는 역사적으로 축적의 문제가 가장 사악하다고 보는 학파에 속해 있다. 신자유주의 시대 자본 축적은 여전히 민족국가에 의존하고 있지만, 전례 없이 초국적 생산 네트워크에 자본을 편입시키는 방식으로 확대 재생산expanded reproduction에 탈취의 과정을 결부시켰다고 믿는다. 다시 말해, 나는 '탈취에 의한 축적' 프레임에서보다 탈취와 확대 재생산이 더 가까운 관계라고 믿으며, 여기에서 나의 두 번째 이견이 제기된다. 탈취가 확대 재생산보다 더 지배적이라고 이론화하게 되면, 생산 지점의 투쟁과 그 외부에서 분출되는 투쟁 사이의 연대 가능성을 과소평가할 위험이 있다. 2012년 나이지리아 총파업과 2020년-2021년 인도 농민 시위와 같은 봉기를 떠올려보자. 이것들은 지역 사회와 주민의 사회적 재생산 시위로 시작된 사회적 폭발이었고, 이후 나이지리아의 유가 보조금과 인도의 반농민법에 맞선 시위로 발전해 계급 전체의 반란으로 번져 일터를 마비시켰다.

자본주의적 축적의 이 두 과정[탈취와 확대 재생산]의 통합을 강조하는 것은 국제 연대의 가능성에 주목하는 것이기도 하다. 커뮤니티를 묶는 부채와 탈취의 바로 그 글로벌 네트워크는 자본주의적 강요라는 철칙으로 일터를 묶는 네트워크와 같다. 때때로 범인들은 심지어 같은 회사들이다! 아르헨티나 부채의 최대 보유자인 블랙록BlackRock은 에마뉘엘 마크롱

이 추진하는 연금개혁의 배후이자 멕시코 정부에 노동자들의 정년을 연장하도록 힘을 쓰는 기업이기도 하다.

이 책의 가장 강력한 점은 바로 이 거미줄 같은 국제 연대의 그물망을 추적하는 데 있다. 2016년부터 아르헨티나에서 일어난 대규모 페미니스트 봉기의 활동가인 저자들은 결집mobilization의 관점에서 투쟁을 분석하고, 따라서 아카데미 관점만으로는 부족할 수 있는 사회 형태에 관한 진실에 다다른다. 저자들은 부채에 대한 확고한 페미니스트 관점으로 성차별적 폭력과 경제적 폭력의 이슈를 같은 해석의 프레임에서 강력하게 엮어낸다. 예를 들어, 여성이 주택담보대출 부채 탓에 움직이지 못하게 되어 가정 폭력이 일어나는 상황에 왜 머물 수밖에 없는지, 여성과 성소수자가 일상생활의 금융화 때문에 자본이 '신체와 영토에 대한 결정권'을 쥐는 것을 받아들이도록 어떻게 규율되는지 설명한다. 이 책의 분석은 이론에 그치는 것이 아니라 페미니스트 액티비즘에 뿌리를 두고 있다. 저자들은 이러한 이슈들 사이에 연관성이 있다면서 "지하의 연결점과 교차점을 만들어내서, 새로운 공통 어휘와 전례 없는 형태의 집합적 터득을 가능하도록 했다"라고 주장한다. 저자들은 부채에 규율되기보다는 페미니스트 슬로건 "부채는 우리에게 빚을 진 것이다the debt is owed to us"를 되풀이함으로써 이 책을 마침내 불복종의 미래를 요청하고 열어젖히는 책으로 만든다.

서문

이 책은 페미니스트 운동이 부채를 정치화하는 과정과 공립대학 및 다른 공간에서 이루어진 격렬한 토론과 일련의 조사 사이의 접점을 응축한 결과물이다. 2019년 2월 아르헨티나에서 처음 출판된 이 책은 출판 이후 다양한 정치적 개입과 대화를 마련하는 매개체로 변모하였다. 이러한 개입과 대화를 거쳐 책은 계속 보완되었고, 결국 그 양이 두 배로 늘어나 새로운 판본을 구성했다.

우리는 이 책을 소개하고 도구 삼아 노동조합, 대학, 공예품 시장, 농민 조직, 페미니스트 모임에서 토론과 교육을 진행했다. 또한 칠레, 멕시코, 미국, 브라질(엘레나 바르가스Helena Vargas가 번역해 크리아사우 우마나Criação Humana에서 출판), 독일, 푸에르토리코, 이탈리아(니콜라스 마르티노Nicolás Martino가 번역해 옴브레 코르테Ombre Corte에서 출판), 벨기에, 에콰도르의 동지들과 책을 토론하면서 국경을 넘는 대화에 박

차를 가할 수도 있었다.

동시에 부채에 대한 페미니스트의 관점은 부에노스아이레스 슬럼가의 도시 재개발에 대한 저항부터 연금개혁 거부까지, 다양한 투쟁의 집합체를 가로질러 공통어로 확산되고 심화되면서 다른 이슈들과 뒤섞였다. 2017년, 첫 번째 국제 페미니스트 파업이 끝나고 몇 달 뒤, 우리는 니우나메노스 콜렉티브Ni Una Menos Collective[1]의 일원으로서 "우리는 살아 있기를, 자유롭기를, 부채에서 해방되기를 원한다We want ourselves alive, free, and debt free"라는 슬로건을 발표했다. 이는 성차별적 폭력과 경제적 폭력의 이슈를 하나로 결집시켰고 사회운동을 해석하는 강력한 열쇠가 되었다. 학생은 물론 실직 상태의 노동자들, 노동조합에서 점차 이 슬로건을 차용했다. 각각의 고유한 투쟁과 페미니스트 파업의 열기 속에서 우리는 '금융 폭력'이라는 진단을 내릴 수 있었다. 더 나아가, 금융 침략에 불복종하는 것이 일상생활에서 어떤 의미를 갖는지와 관련된 새로운 연구의 지평을 열었다.

그러므로 우리는 이와 같은 역동이 (IMF가 외채의 방식으로 재차 압박한) 긴축계획을 해석하고 직면하는 방식에

1 [옮긴이] '니우나메노스(Ni Una Menos)'는 2015년 아르헨티나에서 여성 살해와 젠더 기반 폭력에 반대하며 시작된 페미니스트 운동이다. '단 한 명도 잃을 수 없다'는 뜻의 이 운동은 현재 라틴아메리카를 넘어 전 세계 지부에서 활발히 활동을 이어가고 있다.

변화를 주었다는 점을 강조하고자 한다. 페미니스트 혁명으로 우리 대륙의 반식민주의적 전통이 새 생명을 얻었다. 따라서 2020년 아르헨티나에서 실행한 국제 페미니스트 파업에서 페미니스트 운동이 금융 통치에 맞서는 이 여정을 종합하는 공통의 구호를 외치며 파업과 결집에 나선 것은 우연으로 보이지 않는다. "부채는 우리에게 빚을 진 것이다"라는 슬로건은 누가 채권자이고 채무자인지에 대한 기존의 개념을 뒤집었고, 불복종의 지평을 열었으며, 부채와 금융 사이의 반목을 드러냈다. 페미니즘의 일상적 혁명은 오늘날 자본이 가치 증식valorization[2]을 위해 어떤 신체와 영토에 특정한 형태의 폭력을 가했는지를 도처에서 업데이트하고 조명해 왔다. 그리고 페미니즘의 일상적 혁명은 거리에서, 집에서, 광장에서 혁명적인 공간성을 재창조했다.

실비아 페데리치Silvia Federici와의 대화는 글을 퇴고하는데 필수적이었다. 사회적 재생산과 금융화에 대한 그녀의 관점

2 [옮긴이] 마르크스주의 연구에서 valorization은 중요한 개념이다. 마르크스는 생산 과정에서 노동자의 노동력이 창출하는 잉여가치만이 가치 증식을 가능하게 하지만, 그렇게 증대된 가치의 몫을 자본가가 자신의 이윤으로 착취하는 상황이야말로 자본주의 체제의 근본적인 원리라고 지적한다. 한편 자본주의 생산 과정에서의 노동력 착취뿐 아니라 어떤 것이 새로운 가치를 지닌 것으로 전환되는 과정 전반을 지칭할 때 valorization 개념이 역시 사용되곤 한다. 한국에서는 잉여가치의 창출과 그 착취에 주목하면서 valorization은 주로 '가치 증식'으로 번역되는 경향이 있는데, 이 책에서도 사회적 재생산과 여성화된 노동이 가치를 증식하는 핵심에 있다는 저자의 주장을 살려 valorization을 '가치 증식'으로 번역하며, 문맥에 따라 이를 풀어서 설명하고자 한다.

을 토대로 우리는 논리를 세워나갔다. 이에 더하여 아르헨티나에서 페미니스트 물결이 일었던 기간 동안 그녀와의 개인적인 정치적 교류로 성장할 수 있었다.

로자 룩셈부르크 재단에서 발간한 스페인어 초판과 비교해서 이 책은 부채와 임신 중지, 부채와 식량위기, 부채와 돌봄 등 부채에 대한 토론을 계속 확대하는 구체적인 개입 방안을 모색하고 아르헨티나 정권 교체 국면이 이러한 토론에 미친 영향을 정리하면서 상당히 확장되었다. 마찬가지로 부채라는 사회적 이슈가 칠레, 푸에르토리코뿐만 아니라 콜롬비아, 에콰도르 등 2019년 라틴아메리카 대륙에서 일어난 봉기들과 직접 연결됐다는 점 역시 중요했다. 우리는 이번 책이 살아 숨 쉬는 책이 될 수 있도록 초판의 내용에 더해 작년의 경이로울 정도로 격렬했던 다양한 지역과 규모로 벌어진 페미니스트 운동의 정치적인 작업을 새겨 넣고자 했다. 이 책의 영역본이 국경을 가로질러 흐르는 불복종의 열망을 위한 투쟁의 도구가 될 수 있기를 바란다.

이 책이 티티 바타차리야와 수전 퍼거슨이 기획한 '사회적 재생산 이론 지도 그리기 시리즈'로 발행되어 기쁘다. 책이 제안하는 많은 가설이 사회적 재생산 이론의 일부 제안에 도전하기에, 이 책이 '사회적 재생산 이론 지도 그리기 시리즈'의 일부로 발행되는 것은 포용적 침범inclusion-intrusion에 가까운 것 같다. 서로가 공유하는 정치적 신념 안에서 토론을 심화할 수 있으리라 생각한다. 엄밀한 번역으로 함께 해준 리즈 메이슨 디즈와 이 판본을 가능하도록 해준 데이비드 슐만, 카밀 바르바갈요와의 만남에 감사하다.

그리고 마지막으로 꼭 하고 싶은 말이 있다. 우리는 팬데믹의 한가운데에서 이 서문을 쓰고 있다. 팬데믹이라는 새로운 상황은 부채에 대한 페미니스트 독해의 필요성과 시급성을 다시금 일깨울 것이다. 우리가 처한 이 문명의 위기 한가운데서도 이 책이 도구로 사용되기를 바란다.

부에노스아이레스, 2020년 9월

들어가며
: 벽장에서 부채 꺼내기

이 책은 지난 몇 년간 아르헨티나의 공립대학 및 자유대학 등 연구 공간에서, 특히 니우나메노스 콜렉티브의 일원으로서 투쟁적으로 진행한 개인적이고 집단적인 연구를 체계화한 것이다. 우리는 금융을 분석하는 명확한 페미니스트 관점을 긴급하게 개발하고자 연구하고 활동했으며, 여기에 페미니스트 운동이 금융에 도전하고자 정교화한 방법론적 원리, 정치적 가설, 실천의 서사를 하나로 모았다.

이 작업물은 2016년부터 시작된 국제 페미니스트 파업이 조직적으로 전개되는 과정의 지평 안에 새겨진 것으로, 우리는 이러한 논의를 구체적 행동으로 발전시킬 수 있었다. 동시대 페미니스트 운동의 과정과 마찬가지로, 이를 정교하게 다듬는 작업은 **개방되어 있고** 현재 진행 중이다. 이 책은 독창적이고 고무적인 좌표로 기능하는 발상을 종합해, 앞으로의 집단적 연구에 유용할 만한 페미니스트 경제학에 관한 관점을 제공한다. 금융의 갈등적 측면과 동시에 우리가 가진 자율성의 자기방어적 측면을 함께 토론할 수 있었기에 이처럼 부채를 페미니즘적으로 읽어내고, 이에 "우리는 살아있기를, 자유롭기를, 부채로부터 해방되기를 원한다!"라고 외칠 수 있었다.

지역적이고 국제적인 차원에서 파시즘이 강요되면서 페미니스트 운동은 내부의 적으로 규정되고 자본과 파시즘적 미시정치학 사이에 새로운 유형의 동맹이 만들어진다. 따라서 부채가 어떻게 새로운 착취 형태의 특권적 장치로 기능하는지, 이것이 어떻게 성차별적인 폭력과 연결되는지를 이해하는 것은 필수적이다.

1980년대 라틴아메리카 국가들은 권위주의 정권에서 생긴 부채를 상환하는 방향으로 경제를 운영해야 했기에, 부채는 라틴아메리카의 독재정권이 민주주의로 이행하는 것을 통제했다. 1990년대의 신자유주의적 개혁인 '워싱턴 컨센서스 Washington consensus'[1]는 부채를 한계점까지 밀어붙였고, 빈곤과 자원의 탈취가 점점 더 심각해지는 오늘날의 상황과 결합하면서 우리 지역에 대한 강압적인 금융 식민화가 재개되고

1 [옮긴이] 냉전 체제 붕괴 직후 미국 행정부와 국제 금융자본은 라틴아메리카를 포함한 개발도상국의 발전 모델로서 미국식 신자유주의 체제를 제안했다. 민중이 합의한 적 없는 세계 질서의 이러한 변화는 '워싱턴 합의', '워싱턴 컨센서스'로 불린다.

있다.

이 책이 모든 유형의 정치, 노동조합, 지역 사회, 교육, 페미니스트 조직과의 토론에서 다양한 방식으로 사용되기를 바란다. 또한 이 책으로 새로운 교류를 시작하고, 현재의 위기에 대한 페미니즘적 진단을 심화할 수 있길 소망한다.

폭력의 형태를 진단하기

최근 몇 년 동안 페미니즘 운동은 거리로 나서는 사람들의 수적 규모에서뿐만 아니라, 새로운 토론을 개진하고 다양한 사회적 주제에 대한 개념과 진단을 알리는 능력을 보여줬다. 주제의 범위는 임신 중지부터 부채까지, 광범위하고 이질적이며 복합적인 영역에 이른다. 또 다른 움직임이 있다. 페미니즘 운동은 이 문제를 **연결하고** 지하의 연결점과 교차점을 만들어내면서 새로운 공통 어휘와 전례 없는 형태의 집합적 터득을 가능하도록 했다. 그러므로 페미니즘 운동은 단순한 의제나 요구의 목록(이기도 하지만) 그 이상이다. 이는 페미니즘 운동이 줄곧 주변적이거나 그저 소수자의 이해관계 혹은 전문가의 전유물로만 여겨졌던 주제들을 정치화했다는 의미이다. 또한 여기에는 주류 경제학에서는 독립변수로 다뤄지거나 연관이 없는 것처럼 취급된 일상적 삶의 착취 영역을 연결하는 작업도 포함된다.

일반적 진단부터 살펴보자. 페미니즘 운동은 신자유주의 정책이 빚어낸 불안정성이 여성 살해femicide나 트랜스 살해travesticide에서 정점에 이른 특정한 폭력의 경제를 어떻게 구성하는지 드러냈다. 그리고 이러한 폭력의 경제를 공적 의제로 끌어올렸다. 우리는 페미니즘 운동이 폭력의 다양한 형태에 대한 다층적 이해를 발전시켰으며 폭력을 해체하기 위한 과제를 복잡하고도 풍부하게 만들었다고 정리해 볼 수 있다.

젠더 기반 폭력과 노동 폭력, 인종차별적 폭력과 제도적 폭력, 법체계에 의한 폭력과 경제 및 금융에 의한 폭력 사이의 연관성이 이미 규명되었기에 우리는 여성 살해와 트랜스 살해가 정치적 범죄라는 결론을 내릴 수 있었다. '가정 폭력'이 폭발적으로 증가하는 것은 이러한 전체 지도나 연결 도식 없이는 이해될 수 없다. 우리가 여성, 레즈비언, 트랜스에 대한 폭력을 이야기할 때 우리는 자본주의적 폭력 시스템의 핵심을 다루는 것이다. 이는 지금과 같은 단계의 잔혹함을 유지하는 데 필수적인 폭력이다.

이러한 연결의 방법이야말로 진정한 페미니즘 방법이며, 교차성을 구체적인 정치학으로 만들어낸다. 예컨대 국가 차원에서 부채가 종속을 조직화하는 방법을 이해하면 개별 가구가 부채 탓에 어떻게 일상적으로 종속되는지 볼 수 있다. 임신 중지 권리를 요구하고 추출주의를 거부하는 것은 동시에 우리의 몸과 영토에 관한 의사결정 권력에 이의를 제기하는 것이기도 하다. 이를 통해 이성애 규범이 국가가 정부 보조 주택을 할당하는 기준의 하나로 어떻게 작동하는지, 이것이 유망 지역과 슬럼가 등지의 도시개발 사업에서 부동산 투기와 어떻게 맞물리는지 알 수 있다.

착취와 차이

부채를 벽장에서 꺼낸다는 것은 무슨 의미일까? 개개인, 각 가구, 개별 가족의 부채를 벽장에서 꺼내려면 일단 우리는 부채를 말해야 한다. 부채를 말한다는 것은 부채가 어떻게 기능하는지 이해하기 위해 부채를 서술하고, 개념화하고, 여타 경제와 어떻게 얽혀 있는지 조사한다는 의미이다. 이는 부채가 어떻게 특정 형태의 삶에서 가치를 추출하는지, 일상의 생산 및 재생산 과정에 어떻게 개입하는지 가시화하는 것을 의미한다. 질문도 필요할 것이다. 부채는 어떤 영역에서 강화되는가? 부채는 어떤 종류의 종속을 만들어내는가? 부채를 벽장에서 꺼내는 것은 **그것을 가시화하고 공동의 문제로 위치시켜서** 부채를 탈개인화하는 것을 의미한다. 부채를 벽장에서 꺼내면 수치심과 죄책감을 유발하는 부채의 권력에 도전할 수 있다. 부채를 홀로 은행 계좌를 관리할 때에나 직면하는 '사적 이슈'로 만드는 부채의 권력에 도전할 수 있다는 말이다.

또한 부채를 벽장에서 꺼내는 것은 부채가 여성, 레즈비언, 트랜스에게 차별적으로 작동해 온 방식을 보여주는 것이다. 따라서 종일 은행 계좌를 관리해야 하는 채무자가 여성, 주부, 여성 가장, 공식 부문 노동자, 대중경제 노동자, 성노동자, 이민자, 파벨라[2] 등으로 불리는 비공식 정착지나 슬럼 거주자, 흑인 여성, 토착 여성, 복장전환자, 여성 농민, 학생일 경우 발생하는 **착취의 격차**를 조사할 필요가 있다. 부채를 가시화하면서 부채의 성적 차이와 성별에 따른 차이를 보여주는 것은 모두 **부채의 추상화 권력을 없애는** 방법이다. 이 두 가지 방식은 지정학과도 밀접한 관련이 있다. 빚을 진 북미 사립대 학생의 주체성과 부에노스아이레스 플로레스 지역 내 이민자 지구 협동조합에서 보조금을 받으면서 일하는 노동자의 주체성은 같을 수 없기 때문이다.

그러므로 마우리치오 라자라토Maurizio Lazzarato가 채무자-채권자 관계의 보편적인 주체성을 전제하면서 확인한 "부채 인간 만들기"[3]를 단순히 확인하는 것이 아니라, 그가 고려하지 않은 성별 차이와 불복종의 힘이라는 두 가지 근본적인 요소를 강조하는 것이 중요하다. 한편으로 성별에 따라 부채

2 [옮긴이] 파벨라(favela)는 라틴아메리카, 특히 브라질의 빈민 지역을 일컫는 말이다.

3 Maurizio Lazzarato, *The Making of the Indebted Man: An Essay on the Neoliberal Condition*, trans. by Joshua David Jordan (Los Angeles: Semiotext(e), 2012): [국역본] 마우리치오 라자라토, 『부채인간—인간 억압 조건에 관한 철학 에세이』, 허경·양진성 옮김(메디치미디어, 2012).

는 다르게 작동하는데, 이러한 차이는 다음의 가정과 결부된 몇 가지 이유에서 기인한다. 첫째, 여성과 여성화된 신체를 향한 특정한 형태의 도덕적 가정이 있고, 둘째, 종속 관계에 상응해 발생하는 착취의 격차가 있으며, 셋째, 부채와 재생산 과업 사이에 특정한 관계가 있고, 넷째, 부채와 연관된 성차별적 폭력의 실질적 영향이 있고, 다섯 번째, 여성화된 신체에 금융이 부과하는 '미래의' 가능성에 근본적인 차이가 있다. 또 다른 측면에서 우리는 빚에 불복종할 가능성, 그중에서도 특히 페미니즘 운동에 영향을 받은 실천적인 저항의 방식을 강조하고자 한다(이 지점은 「어떻게 금융에 불복종할 것인가」 부분에서 다시 다룰 것이다).

이는 부채가 공유재의 생산을 포획하면서 작동하는[4] 횡단적 착취 장치[5]라는 사실을 부정하는 것은 아니다. 하지만 우리는 **보편화될 수 있는 채무를 진 단일한 주체성이 있다거나, 구체적인 상황, 특히 성적, 성별적, 인종적, 지역적 차이와 분리될 수 있는 단일한 채무자-채권자 관계가 존재하지 않는다는 점**을 확인하는 것이 중요하다. **엄밀하게 말하면 부채는 이러한 차이들**

4 Tiziana Terranova, "Debt and Autonomy: Lazzarato and the Constituent Powers of the Social," *The New Reader* 1(1) (2017).

5 Maurizio Lazzarato, *Governing by Debt*, trans. by Joshua David Jordan (South Pasadena, CA: Semiotext(e), 2015): [국역본] 마우리치오 랏자라또, 『부채 통치—현대 자본주의의 공리계』, 허경 옮김(갈무리, 2018).

을 동질화한다기보다는 착취하기 때문이다. 부채가 다양한 영토, 경제, 갈등에 **미치는** 방식은 부차적 특징이 아니라 핵심적이다.

이러한 의미에서, **벽장에서 부채를 꺼내는 것은 부채에 대한 페미니스트적 응답**이다. 이는 부채를 탈봉인하고, 탈사사화하고 de-privatize, 부채에 육체, 목소리, 영토를 부여하는 것이다. 그런 다음 이를 바탕으로 불복종 방식에 대한 실험을 조사하는 것이다. 그리하여 (앞서 말한 탈속박과 육체화 이후) 페미니즘 운동과 떼려야 뗄 수 없는 세 번째 단계가 있는데, 바로 **부채에 맞서 모의하기**이다. 이는 분석적 관점에 그치지 않고 그 자체로 불복종 프로그램의 일부를 구성한다. 벽장에서 부채를 꺼내는 것은 죄책감에 저항하고, 금융 지배가 행사한 추상화에 저항하며, 여성화된 몸들을 금융적 의무의 책임 있는 주체로 표적화하고 정당화하는 데 사용된, 여성은 '착한 상환인good payers'이라는 도덕적 주장에 맞서는 정치적 움직임이다.

페미니즘으로 부채 읽기

이 책에서 다루는 부채는 민간 부채나 (앞으로 문제화하고 확장할 개념인) 가계부채 경제에 특별히 중점을 둔다. 오늘날 금융은 막대한 부채로 가계경제, 대중경제, 임금경제에 영향을 미치며, 각각의 경제에 특정한 방식으로 작용한다.

우리의 관점은 세 갈래의 제안을 기반으로 한다. 첫째, 일상생활의 부채를 무시한 채 국가가 떠안는 공공 부채를 관찰하는 것만으로는 동시대 부채 형태를 이해할 수 없음을 강조하고자 한다. 둘째, 사회운동 및 사회단체는 저항 활동 시 부채라는 주제를 정치적으로 고려할 필요가 있다. 그리고 세 번째로, 일상생활에서의 부채에 관한 이야기는 부채와 성차별적 폭력 사이의 연결고리를 추적하는 전략적인 과제로 이어진다. 이처럼 동시대 페미니즘 투쟁은 금융 이슈를 **정치화하고 집단화**

하는 운동을 이끌어가고 있다.[1]

그렇다면 부채를 **페미니즘으로 읽는다**는 것은 무엇일까? 간략한 실용적 가이드로 시작해 보자.

1. 부채를 페미니즘으로 읽는 것은 금융 추상화에 반대하면서 부채를 작동시키는 구체적인 신체들과 서사를 제안하는 것이다.

금융은 추상적이고, 신비한 '수치數値'의 영역에 속하며, 보통 사람들은 이해할 수 없는 논리에 따라 작동하는 것을 뽐낸다. 금융은 무엇이 가치가 있고 없는지를 수학과 알고리즘 방식으로 결정하는 진실의 블랙박스인 것처럼 스스로를 드러내고자 한다. 가계경제, (임금을 받지 않는 경우가 대부분인) 대중경제, 임금경제에서 금융이 어떻게 기능하는지를 서술함으로써 우리는 추상화하는 금융의 권력, 불가해한 것으로 보이려는 시도를 거역한다. 이 점은 이 책에 실린 인터뷰에서 분명하게 확인할 수 있을 것이다. 부채는 소규모 농업 생산자들을 농독소agrotoxins에 의존하도록 하는 구체적인 메커니즘이다. 부채는 기본 서비스의 비용 증대와 금융화를 나타낸다. 부채는

1 Lucía Cavallero and Verónica Gago, *"Sacar del clóet a la deuda: ¿por qué el feminismo hoy confronta a las finanzas?,"* prologue to George Caffentzis, *Los límites del capital. Deuda, moneda y lucha de clases* (Buenos Aires: Tinta Limón and Rosa Luxemburg Foundation, 2018).

감옥 안과 밖을 연결하는 장치이며, 감옥 자체도 부채 시스템임을 알 수 있다. 임신 중지가 불법화되면 빚을 져야 한다. 엄청난 이자율 탓에 가정생활, 건강, 공동체 유대가 깨질 때 부채는 대중의 소비를 이끄는 원동력이다. 부채는 불법 경제가 어떤 대가를 치러서라도 노동자를 채용할 수 있도록 한다. 심지어 젊은이들이 노동시장에 진입하기 '전'에, 혹은 극도로 불안정한 일자리에서 (정부 보조금이나 첫 급여와 함께 신용카드를 받기 때문에) 발생한 부채는 그들의 소득을 포획하고 불안정하게 만드는 장치로 기능한다. 의료 서비스에 접근할 수 없을 때, 출산용품이 필요할 때, 음식 배달을 위한 오토바이를 구매할 때와 같이 부채는 일상을 운용하기 위한 기초적 인프라를 제공한다. 부채는 주택 접근성을 보장하는 수단이다. 응급 상황에 직면하거나 지원받을 만한 다른 네트워크가 없는 상황에서도 부채가 자원이 된다. 부채는 이민자와 흑인 인구 전반을 탈취하는 메커니즘이기도 하다. 부채는 폭력적인 가족 관계에 대한 의존을 강화시킨다.

2. 페미니즘으로 부채를 읽으면 부채가 여성화된 신체에 대한 폭력과 어떻게 연결되었는지 발견할 수 있다.

부채에 대한 구체적 서사를 통해 부채와 성차별적 폭력 간의 연관성이 명확해진다. 부채는 우리가 싫을 때 싫다고 말할 수 없게 한다. 부채는 도망치고 싶은 폭력적인 **미래** 관계에 우리를 묶어둔다. 부채는 중장기적인 금융 의무 탓에 이미 깨져버린 관계에 계속 갇히도록 강제한다. 부채는 심지어 여성이 주도적인 역할을 하는 여성화된 경제에서조차 경제적 자율성을 저해한다. 동시에 부채는 특정한 이동도 가능하게 하므로 우리는 부채의 **양면성**을 무시할 수 없다. 즉, 빚은 **제 자리에 고정시키기만 하는 것**이 아니라 어떤 경우에는 움직이도록 한다. 예를 들어 이주하고자 빚을 지는 사람을 생각해 볼 수 있다. 혹은 자신의 경제적 프로젝트를 시작하려고 빚을 지는 사람도 있고, 빚을 내서 도망치는 경우도 있다. 그러나 **고정**된 상태로 있든 **이동**의 가능성으로 있든, 한 가지 분명한 것은 빚이 미래 노동의 가능성을 착취한다는 것이다. 선재先在하는 부채 의무 때문에 부채는 당신이 어떤 종류의 일이든 받아들이게 한다. 부채는 강압적으로 더 유연한 노동 환경을 수용하게 하며, 그런 의미에서 부채는 효율적인 착취 장치이다. 부채는 특유의 폭력의 경제와 다름없는 복종의 경제를 조직한다.

3. 페미니즘으로 부채 읽기는 노동 형태를 페미니스트 입장에서 매핑하고 분석하여 가사노동, 재생산 노동, 공동체 노동을 금융이 착취하려는 가치 증식의 공간으로 가시화한다.
여성, 레즈비언, 트랜스, 트라베스티의 국제 파업은 페미니즘 관점에서 노동의 이질성에 대한 가시적 지도를 만들고 토론할 수 있는 계기가 되었다. 다양한 페미니즘을 바탕으로 이주 노동, 불안정 노동, 주민 노동neighborhood labor, 가사노동, 공동체 노동 등 **우리가 현재 노동work이라고 부르는 것의 구성 요소에 부합하는 투쟁 방식이 등장했다.** 이러한 운동으로 임금노동이 새롭게 이해될 수 있었고 노조 자체의 조직 방식에도 변화를 만들어냈다.

이제 우리는 금융적 차원을 추가하면서 부채의 흐름을 매핑할 수 있게 되었으며, 매우 역동적이고, 다목적적이고, 명백하게 '비가시적' 형태인 착취의 지도를 완성할 수 있게 되었다. 역사적으로 생산적이지 않다고 여겨져 온 가계경제와 무임 경제에서 부채가 어떻게 가치를 추출하는지 이해하면 금융 장치가 어떻게 **삶의 재생산을 식민화하는 진정한 메커니즘**으로 작동하는지 알 수 있다. 또한 부채가 어떻게 임금경제에 들어가서 그것들을 종속시키는지 볼 수 있다. 이에 더해 부채가 불법적 자금 흐름을 세탁하는 특권적 장치로 기능하면서 불법과 합법 경제 사이의 중요한 연결고리로 어떻게 기능하는지 이해할 수 있다.

부채와 사회적 재생산

아르헨티나에서 지난 15년 동안 (대중경제를 자주 관리self-managed 고용의 원천으로 공인하는 식으로) 정부 보조금을 강제적이고 개별화된 은행화bankarization와 연계한 방식은 '지원받는' 인구를 **금융으로 착취**할 수 있는 핵심 조건이 되었다.[2] 2000년대 초반 아르헨티나에서 사회 편익social benefit 패키지의 대량화가 시행되었는데, 이것은 정부가 위기에 '대응'하려는 시도인 동시에 이에 상응하는 노동 요구 사항을 협상하고자 한 사회운동의 영향력에 따라 결정된 것이었다. 이것은 임금이 사라진다는 의미가 아니라 더 많은 사람이 임금을 주된 소득으로 삼지 않고도 번영을 추구해야 함을 의미한다. 위기와 함께 등장한 이러한 현실은 대중경제와 함께 '안정화'되어 프롤

2 Verónica Gago, *Neoliberalism from Below: Popular Pragmatics and Baroque Economies*, trans. by Liz Mason-Deese (Durham: Duke University Press Books, 2017); Verónica Gago and Alexandre Roig, "Las finanzas y las cosas," in *El imperio de las finanzas.Deuda y desigualdad* (Buenos Aires: Minõ y Dávila, 2019). [옮긴이] 한국어판 서문에서부터 반복되듯, 아르헨티나에서는 실업급여와 같은 정부 보조금 혹은 수당은 직불카드로 지급된다. 이러한 직불카드 활용 정책은 2001-2002년 아르헨티나 경제위기 상황을 거치며 악화된 서민의 생활을 보조하기 위해 현금을 직접 분배하는 사회 보장 정책을 투명하게 관리하려는 방법으로 도입되었다. 한편 2002년 말 실업률이 폭등하고 비공식 부문 노동자(33.6%)가 공식 부문 노동자 비율(25.3%)을 초과하는 등 도시 재활용 노동, 노점, 소상공업, 공예품 생산과 같이 노동법과 사회보장제도에 포섭되기 어려운 대중경제 영역이 아르헨티나 경제에서 상당한 부분을 차지하게 된다. 아르헨티나 정부는 이들과 이들의 가정을 지원하는 비기여형 사회부조정책을 수평적으로 확대해 왔는데, 여기에서 말하는 "대중경제를 자주경영 고용의 원천으로 공인"했다는 말은 명확한 고용주가 없는 자주경영 모델로 대표되는 대중경제에 대한 정부의 금융 영역에서의 공식적인 인정과 지원을 일컫는다. 베로니카 가고는 이들이 피해자 또는 신자유주의적인 기업가라는 이분법적 대립에서 벗어난 새로운 주체라고 설명하기도 한다. 자세한 내용은 다음의 연구를 참고할 수 있다. Verónica Gago, "What are popular economies?: Some reflections from Argentine," *Radical Philosophy* 202 (June 2018): 32-38.

레타리아트 미시경제로 향하는 새로운 통로를 체계화했다.[3] 이러한 경제는 비공식 쓰레기 수거인, 봉제 노동자, 시장 상인, 돌봄 노동자, 요리사, 공동체 보건 종사자, 청소부, 소규모 농업 생산자 등으로 구성된다. 이들의 물적 구조 덕분에 대중과 공동체주의자communitarian가 국가를 넘어서되 국가 권력을 과소평가하지 않는 정치적 동력으로 부상하는 지평이 열렸다.

보편적 아동수당부터 실업급여, 주택 보조금에 이르는 넓은 범위의 국가 원조는 보통 직불카드로 분배되면서 다른 유형의 은행화에 길을 열어주었다. 부채에 대한 우선적 담보가 임금에서 국가 보조금으로 대체된 맥락에서, 국가 보조금이 수많은 무임 인구에게 신용을 취득할 수 있는 국가 보증으로 기능하기 시작한 것이다. 다시 말해, 보조금 증명서만 보여주면 다양한 금융기관에서 충분히 대출을 받을 수 있게 되었다. 따라서 금융 중개는 대중 채무mass indebtedness를 선호 장치로 여기는데, 이는 국가가 이른바 '취약 계층'에게 제공한 바로 그 사회 보조금으로 추동된다.[4]

지난 십 년 동안 아르헨티나에서 비내구재와 값싼 상품의 소비는 주로 신용으로 소비되었고, 이는 '소비를 통한 시민권'

3 Verónica Gago, *ibid.*

4 Verónica Gago, "Financialization of Popular Life and the Extractive Operations of Capital: A Perspective from Argentina," trans. by Liz Mason-Deese, *South Atlantic Quarterly* 114(1) (Jan. 2015): 11–28.

이라는 형태를 촉진하면서 부채의 원동력이 되었다. 즉 시민권 제도는 시민으로서의 권리가 더는 임노동이 아니라 오히려 '은행-포용banking-inclusion'과 연결되는 방식으로 재공식화되었다. 금융이 알아차리고 포획하고자 한 것은 잉여인구라고 매도되던 대중 및 빈곤층에서 등장한 새로운 형태의 노동, 기업가 정신, 자기관리와 연결된 주체들의 역동이다. 금융은 서발턴의 영토에 상륙해, 배제되고 주변적이고 잉여적인 존재를 설명하는 정치적 범주를 무시하고, 임노동 세계와 '공식' 시장에서 밀려난 이들을 범주화해 [금융에] '포함'하고자 한다. 금융은 임금 없는 생산 구조를 인지하고 착취하는데, 이 생산 구조는 다양한 계약 형태로 이루어져 있고, 비공식 임금과 국가 복지 혜택도 포함된다. 이때 국가는 제도적 의무의 구조를 구축하는 데 핵심적인 역할을 담당한다. 즉, 국가는 '금융 포용financial inclusion'이라는 선전 아래 강제적 은행 이용compulsory banking을 강요하고, 궁극적으로 은행과 여타 금융 기관에 의해 발생한 대중 채무를 보증하는 역할을 한다. 이들 금융 기관은 은행이 대중 부문을 대상으로 설립한 것으로, 금융 체계 외부에 있는 것처럼 보이지만, 이 때문에 오히려 규제를 덜 받는다.

이주, 비공식 부문, 생산직, 자본 부족을 특징으로 하는 인구의 특정 부문 전체가 부채의 표적이 되며, 이는 다시 해당 부문의 소비 능력을 확대하는 원동력으로 작동한다. 포용, 돈, 주변 지역 간 관계는 긴축과는 정반대되는 수사로 조장되고,

금융 장치 아래에서 포용과 착취를 통합해 낸다. 분명해진 것은 이전에는 사소하고 단지 부수적인 것으로 인식되던 대중적이고 불안정하고 여성화된 경제가 임금을 보장하지는 않지만 가치 증식의 영역을 확장하고 새로운 소비자를 창출하는, 자본 입장에서는 역동적이고 매력적인 영역으로 변모하였다는 점이다. 그렇게 부채는 점점 더 새로운 형태의 노동에 연결된 장치가 되며, 이러한 노동은 전통적인 의미의 임금을 기반으로 하는 노동이 아니다(이는 임금이 여전히 보조적이거나 단속斷續적인 방식으로 작동하지 않는다는 의미는 아니다).

부채는 미래의 지불 의무를 다하기 위해 어떤 형태의 노동이라도 수용하라고 강제하는 방식으로 작동한다. 이러한 의미에서 그것은 '내부'로부터 불안정화precarization를 유발한다. 부채는 어떤 대가를 치러서라도 창의성을 착취한다. 당신이 어떤 일을 하는지는 상관이 없으며, 중요한 것은 부채를 상환하는 것이다. 일자리(혹은 소득 형태)의 불안정하고 비공식적이며 심지어 불법적인 역동은 갈수록 단절적으로 드러나는 반면, 부채는 그 다양성을 착취하는 안정적 연속체로 작동한다. 그러한 시간적 간격도 기회로 활용된다. 금융의 의무는 현재 시제에서 노동을 '명령'하기 때문에 부채는 사람들이 어떤 조건의 노동이든 수용하게 하는 강압적 메커니즘이 된다. 부채는 미래의 지불 의무임에도 지금 여기를 제약하며 가장 빠르고 폭력적인 방식의 의무를 분자적으로 확산한다. 부채는 (노동 환경, 시간, 폭력의 측면에서) 불안정화에 예속시키는 강제적 메커니즘으로 기능하고 확산되면서 이러한 불안정화를 도덕적인 복종의 경제economy of obedience로서 강화한다.

이처럼 대중적이고, 불안정하며, 종종 적법하기도 한 경제의 여성화된 특성을 두 가지 의미에서 부각하는 것은 필수적이다. **양적인** 의미에서 다수의 여성이 (확대되고, 조립되고, 붕괴된) 가족의 주된 부양자, 즉 '가장'의 위치에 있기 때문이다. 그리고 **질적인** 의미에서 이들은 주로 지역 사회 돌봄, 음식 제공, 동네 청소 및 보안과 관련된 노동을 수행하면서, 더 넓은 의미에서 삶을 재생산하는 기본 서비스 인프라를 생산한다.

금융 추출주의와 탈취

여기 또 다른 반전이 있다. 삶의 재생산에 대한 금융화가 증가함에 따라 재생산 관계는 그 어느 때보다 탁월한 가치 증식과 축적의 공간임이 드러났다. 금융이 사회적 재생산 영역을 침범하고 식민화하려면 우선적으로 공적 서비스, 공유 자원, 자율적 재생산을 보장해 온 경제 인프라를 (농민 경제에서 자주관리self-managed 경제까지, 협동적 요소부터 대중-공동체주의 요소까지) 체계적으로 탈취해야 하기 때문이다.

우리 사회의 이 '민주화'가 소비에 대한 접근을 제공하는 신용(그리고 '금융 포용'의 약속)의 손에 맡겨질 때, 이는 임금을 받든, 자주 관리를 하든, 공적이든, 공동체적이든, 자원을 확보하는 여타 방식을 해체하는 것 그 이상도 이하도 아니다. 페미니스트 운동은 금융 기관에 대한 민주적인 접근이라는 표현으로 금융 확대를 촉진하려는 시도에 도전하면서 그러한 시도의 역동을 가시화했다.

이 현상은 아르헨티나 정치경제센터CEPA의 2019년 빈곤 가구 부채에 관한 데이터로 생생하게 확인된다.[5] 이에 따르면 기존의 보편적 아동수당Universal Child Allowance 수급자의 92퍼센트가 대출을 요청했다(그리고 받았다). 빚을 지는 과정을 보면 식량, 의료, 가스, 전기, 수도 가격에 영향을 미치는 인플레이션 탓에, 사회적 지원이 기본적 필요를 충당하기 위한 소득이 아니라 우선적으로 더 많은 빚을 얻기 위한 보증으로 기능하는 상황이 만들어진다.

따라서 부채 관계가 하향식으로 흘러내릴 때, 국가가 진 부채의 영향이 아래로 쏟아진다. 즉, 국가 부채 때문에 야기되는 탈취와 민영화는 서발턴 영역에서 강제적인 부채가 된다.

5 아르헨티나 정치경제센터(Centro de Economía Política Argentina), 「보편적 아동수당 월수입으로 식료품을 구하지 못하는 90%의 아동과 청소년(El 90% de los ninos, ninas y adolescentes no tienen cubiertas sus necesidades de alimentacion por el ingreso mensual de AUH)」(2019. 9. 16.), https://centrocepa.com.ar/informes/232-el-90-de-los-ninosninas-y-adolescentes-no-tiene-cubiertas-sus-necesidades-de-alimentacion-por-elingreso-mensual-de-auh.html.

이는 소득과 부채의 관계를 변화시키고, 상호부조의 유대를 착취와 감시의 수단으로 변질시키는 결과를 낳는다.

부채란 무엇인가?

우리는 부채를 이 시대의 독특한 착취 메커니즘으로 정의하는 좌표를 그리고자 몇 가지 참고자료를 제안하고자 한다. 여기에서 언급하는 관점의 일부는 **페미니즘을 바탕으로 분석된 것**이다.

부채는 채무자-채권자 관계를 자본주의의 구성 요소로 구조화하는 종속과 노예 상태의 메커니즘으로 정의되어 왔다. 프리드리히 니체Friedrich Nietzsche는 무한하고 갚을 수 없는 부채의 메커니즘과, 이것을 기독교적 용어로 번역한 용어인 죄책감guilty을 '도덕의 계보Genealogy of Morals'에 정확하게 연결시켰다.[6]

실비아 페데리치는 부채에 대한 페미니스트 분석의 핵심 요소를 제공하는데, 특히 부채가 계급 관계를 파편화하고, 투쟁으로 달성한 임금을 해체하는 역할을 하며, 보건이나 교육

6 Friedrich Nietzsche, *On the Genealogy of Morals*, ed. by Robert C. Holub, trans. by Michael A. Scarpitti, Reprint edition (London: Penguin Classics, 2014[1987]): [국역본], 프리드리히 니체, 『도덕의 계보』, 박찬국 옮김(아카넷, 2021); 『도덕의 계보』, 홍성광 옮김(연암서가, 2020); 『도덕의 계보』, 강태원 옮김(다락원, 2009) 외.

과 같이 국가 책임이었던 서비스를 금융화한다고 강조했다.[7] 그녀는 이것이 공유 자원과 여성의 재생산 노동에 대한 착취와 중요하게 연결된다고 보았다.

마우리치오 라자라토는 니체로 돌아가 노동자의 동력이 어떻게 '부채 인간 만들기'로 대체되었는지, 부채가 어떻게 채무자의 '도덕률'과 직결되는 '자기에의 노동'을 부과하는지 설명했다.[8] 우리는 항상 무언가에, 또는 누군가에게 빚을 진다. 다시 말해, 우리는 위험을 개별화하고 삶 자체를 비즈니스로 생각하는 방식으로 성취와 실패에 대한, 궁극적으로는 우리 자신의 기업가적 능력에 대한 책임감과 죄책감을 지고 있다.

데이비드 그레이버David Graeber는 (공공 부채 및 민간 부채 모두를 포함하는) 부채 제도 기반 경제를 역사화하며, 특히 글로벌 거버넌스 체제로서의 부채가 제3세계 국가를 종속시키는 메커니즘으로 기능하는 방식을 보여준다.[9]

사스키아 사센Saskia Sassen은 부채에서부터 예컨대 주택담

7 Silvia Federici, "From Commoning to Debt: Microcredit, Student Debt and the Disinvestment in Reproduction," talk given at Goldsmith University, November 12, 2012.

8 Maurizio Lazzarato, *The Making of the Indebted Man: An Essay on the Neoliberal Condition*, trans. by Joshua David Jordan (Los Angeles: Semiotext(e), 2012).

9 David Graeber, *Debt: The First 5,000 Years* (Brooklyn, NY: Melville House, 2011): [국역본] 데이비드 그레이버, 『부채, 첫 5,000년의 역사—인류학자가 고쳐 쓴 경제의 역사』, 정명진 옮김(부글북스, 2021).

보대출로 구성된 금융 파생 상품까지, 금융을 동시대 자본주의가 상연하는 '축출expulsions'을 위해 선호되는 메커니즘으로 개념화한다.[10] 그녀는 동시대 금융이 비금융의 업무, 부문, 공간을 증권화하여 (즉 **침범하여**) 금융 회로 안에 재배치하는 역할을 한다고 주장한다.

웬디 브라운Wendy Brown은 저서 『민주주의 살해하기Undoing the Demos』에서 부채와 신자유주의 관계의 보다 일반적 가설을 설명하고자 북미 대학 시스템의 부채에 많은 분량을 할애한다.[11] 그녀는 금융자본이 모든 것을 금융화하는 방법을 자세히 설명하면서, "시장, 주체, 합리적 행동의 형성과 같은 신자유주의적 합리성 그 자체의 변화"에서 부채와 파생 상품이 차지하는 중요성을 지적하고 있다.[12]

프레데리크 로르동Frédéric Lordon은 욕망의 착취와 소비에 대한 보상이 마케팅의 추진력과 결합하여 금융 공식을 활성화하는, 동시대 자본이 요구하는 정동 동원affective mobilization을

10 Saskia Sassen, *Expulsions: Brutality and Complexity in the Global Economy* (Cambridge, MA: Belknap Press, 2014): [국역본] 사스키아 사센, 『축출 자본주의—복잡한 세계 경제가 낳은 잔혹한 현실』, 박슬라 옮김(글항아리, 2016).

11 Wendy Brown, *Undoing the Demos: Neoliberalism's Stealth Revolution* (New York: Zone Books, 2015): [국역본] 웬디 브라운, 『민주주의 살해하기—당연한 말들 뒤에 숨은 보수주의자의 은밀한 공격』, 배충효 옮김(내인생의 책, 2017).

12 위의 책, p. 70.

검토한다.[13]

키앙가야마타 테일러Keeanga-Yamahtta Taylor는 24만 명 이상의 아프리카계 미국인이 집을 잃었던 2008년 금융 위기 당시 서브프라임 모기지로 인한 주택 압류의 인종차별적 차원을 드러내면서, 미국의 주요 도시에서 젠트리피케이션이 강화되는 과정을 조명한다.[14] 이를 위해 흑인 인구에 대한 범죄화와 경찰의 박해는 벌금, 교통법규 위반, 구속 영장의 형태로 부채와 결합되어 다양한 형태의 폭력 회로를 완성한다.

세드릭 뒤랑Cédric Durand은 금융이 공유 자원의 탈취와 기생을 통해 미래 시간성을 전유하는 방식과, 긴축정책에 기대어 '주권적' 위치를 차지하는 과정을 설명한다. 또한 금융이 사법적 구조를 활용해 스스로는 갖지 못한 안정성을 갖추는 방식도 설명한다.[15]

조지 카펜치스George Caffentzis는 소액 부채와 대규모 부채를 관련지으면서, 임금과 부채의 차이가 서로 다른 시간적

13 Frédéric Lordon, *Willing Slaves of Capital: Spinoza and Marx on Desire* (London: Verso, 2010); [국역본] 프레데리크 로르동, 『자본주의와 자발적 예속—스피노자와 마르크스의 욕망과 정념의 사회학』, 현동균 옮김(진인진, 2024).

14 Keeanga-Yamahtta Taylor, *From #BlackLivesMatter to Black Liberation* (Chicago: Haymarket Books, 2016).

15 Cédric Durand, *El capital ficticio* (Barcelona: NED and Futuro Anterior, 2018).

착취 양식임을 자세히 설명한다.[16]

최근의 이러한 관점은 일반적으로 2008년의 금융 위기를 문제시하는 지평 위에 놓여 있다. 그리고 이들이 제기하는 질문은 이러한 위기를 관통하며 긴축정책과 구조조정 정책을 더욱 강화하는 신자유주의의 역량에 대한 것이다. 즉, 그들은 신자유주의가 어떻게 **공적이고 사적인 부채로 위기를 통치하는지** 질문한다.

특히 라틴아메리카 지역에 관한 몇몇 연구가 있다. 아르헨티나에서는 금융이 어떻게 대중경제에 자리 잡았는지, 특히 노동의 여성화와 함께 '채무자'를 양산하는 과정에서 임금 의존을 '건너뛰는' 방식으로 부채가 어떻게 사회 보조금과 결합했는지에 대한 연구가 집중적으로 이루어졌다.[17]

그라시엘라 토로Graciela Toro의 볼리비아에서의 선구적인 연구는 특별히 여성을 위해 설계된, 연대 신용으로 불리는 마이크로크레디트microcredit의 확대와 그것이 어떻게 채무자들의 강력한 사회운동을 통해 이의 제기를 받았는지 분석한다.[18]

16 George Caffentzis, *Los límites del capital. Deuda, moneda y lucha de clase* (Buenos Aires: Tinta Limón and Rosa Luxemburg Foundation, 2018).

17 Verónica Gago, *Neoliberalism from Below: Popular Pragmatics and Baroque Economies*; Verónica Gago and Alexandre Roig, "Las finanzas y las cosas"를 보라.

18 Graciela Toro, *La pobreza: un gran negocio* (La Paz: Mujeres Creando, 2010).

토로의 책 프롤로그에서 마리아 갈린도Maria Galindo가 강조했듯, 은행은 여성의 우정과 가족관계 같은 사회적 네트워크를 빚보증으로 전환해 착취하고 있다.

브라질의 진보 정부 시절 '새로운 중산층' 형성 담론에 의문을 제기한 니나 매드슨Nina Madsen은 인구의 상당수가 더 높은 수준의 소비를 할 수 있었던 것이 가계의 막대한 채무와 여성의 무보수 노동에 대한 과도한 착취가 뒷받침되었기 때문이라고 단언한다.[19]

세자르 히랄도César Giraldo는 콜롬비아 사회정책의 붕괴와 대중경제 노동자들을 대상으로 한 대출과 같은 새로운 금융 형태를 분석한다.[20]

막달레나 비야레알Magdalena Villareal이 멕시코에서 수행한 연구도 일상의 금융이 대중 계급의 사회적 재생산을 조직하는 방식과 특히 이러한 경제 형태와 네트워크에서 여성의 역할을 생각해 볼 수 있는 참고자료이다.[21]

19 Nina Madsen, "Entre a dupla jornada e a discriminação contíua. Um olhar feminista sobre o discurso da 'nova classe média'"in Bartelt, Dawid Danilo (eds), *A "Nova Classe Média" no Brasil como Conceito e Projeto Político* (Río de Janeiro: Fundação Heinrich Böll, 2013.)

20 César Giraldo, ed. *Economía popular desde abajo* (Bogotá: Desde Abajo, 2017).

21 Magdalena Villareal, *Antropología de la deuda: crédito, ahorro, fiado y prestado en las finanzas cotidianas* (Mexico City: Ma Porrua Editor, 2004).

칠레의 사례는 아마도 이 지역에서 가장 시급한 문제일 것이다.[22] 2018년 자료에 따르면, 가계는 소득 감소와 은행 부채 증가 탓에 소득의 70% 이상을 부채가 차지하고, 이는 사상 최고치를 기록했다.

새로운 시대: 금융 테러

금융 테러financial terror라고 할 때 은행이 환율 차이로 비즈니스를 하거나 정부나 IMF가 목적에 따라 조성된 투자 펀드로 투기하는 것만을 일컫는 것은 아니다. 우리는 이러한 '전략적 불투명성'(이는 라켈 구티에레스 아길라르Raquel Gutiérrez Aguilar가 지금의 갈등을 특징짓기 위해 사용한 용어로 금융 투기 언어를 묘사할 때 역시 사용할 수 있다)이 어떻게 우리의 구매력, 임금 및 보조금의 가치를 급격하게 감소시키는 반면, 물가, 금리는 통제되지 않는 채 상승하는 국면으로 전환되는지를 말하고 있는 것이다. 이러한 가치의 '감가상각' 속도와 현기증은 (돈의 폭력에 대한) 공포terror와 모든 것이 더 악화될 수 있다는 두려움을 안겨 우리를 고분고분하게 만드는 규율의 한 부분이다. 금융 테러는 변화에 대한 열망을 인질로 삼

22 José Ossandón, ed., "Destapando la caja negra: sociología de los créitos de consumo en Chile" (Santiago: Instituto de Investigación en Ciencias Sociales, ICSO, Universidad Diego Portales, 2012).

아, 우리가 그저 상황이 더 악화되지 않기만 바라도록 심리적 공포를 유발한다.

브루노 나폴리Bruno Nápoli, 셀레스테 페로시노Celeste Perosino, 왈테르 보시시오Walter Bosisio가 아르헨티나에서 수행한 연구처럼 공공 부채와 군부 독재 사이의 연관성을 역사화하는 것은 필수적이다.[23] 나아가 금융, 민주주의, 인권의 관계를 새롭게 조명한 페드로 비스카이Pedro Biscay의 연구도 빼놓을 수 없다.[24] 이 연구들은 3만 명의 실종, 살인, 고문에 책임이 있는 군부 독재(1976-83)가 어떻게 향후 수십 년에 걸쳐 발전한 신자유주의의 시작을 알리는 신호탄이 되었는지 보여준다. 1977년 제정된 금융기관법Financial Entities Law은 금융화의 길을 연 이정표로, 그 어떤 민주 정부도 이 법을 뒤집을 수 없었기 때문에 오늘날까지도 영향력을 미치고 있다. 아울러 독재 정권기에 발생한 외채의 구조적 역할을 인식하는 것도 필수적이다.

하지만 이것이 전부는 아니다. **금융 테러**라고 할 때는 (은행과 그 자회사의 손아귀에 있는) 금융('현금을 당장' 제공하

23 Bruno Nápoli, CelestePerosino, and Walter Bosisio, *La dictadura del capital financiero. El capital militar corporativo y la trama bursátil* (Buenos Aires: Peña Lillo-Ediciones Continente, 2014).

24 Pedro Biscay, "Dictadura, democracia y finanzas," speech given at the Central Bank of the Argentine Republic on March 25, 2015.

는 것에서부터 신용카드와 그 밖의 더 많은 비공식적 역동까지)이 어떻게 대중의 채무로 가계경제와 가족경제를 장악해 왔는지 언급하는 것이기도 하다. 오늘날 일상생활의 금융화 탓에 가장 빈곤한 이들이 (이제는 이들뿐만 아니라) 식량과 의약품을 구입하고 기본 서비스 납입금을 믿을 수 없이 높은 이자율로 분할 납부하도록 빚을 강요받는다. 말하자면, 최저 생계 그 자체가 빚을 낳는다.

따라서 **금융 테러**는 일상과 미래에 걸쳐 작동하며, 구조조정의 비용을 개인적이고 사적인 방식으로 떠안도록 강제하는 복종의 구조다. 또한 이는 **일상생활의 금융화**라는 형태를 통해 우리 삶이 오직 부채로만 유지될 수 있다는 사실을 **정상화**한다.[25]

금융 테러는 페미니즘이 굴복과 복종의 관계를 위태롭게 하고, 성차별적인 폭력에 저항하며, 고립되어 있던 가정 영역에 도전하는 등 페미니스트 혁명이 강력하게 전개된 것과 동일한 지평에서 작동한다는 점에서 일상의 '반혁명'으로 기능한다.

25 Randy Martin, *Financialization of Daily Life* (Philadelphia: Temple University Press, 2002).

일상의 '반혁명'인 부채

오늘날 일반화된 부채 때문에 사람들은 개별적으로 금리 인상에 직면하고 더 적은 돈으로 더 오래 일해야 하는 위기에 **처해 있다**. 오늘날 살아가는 행위 자체가 빚을 '낳는다.' 이 과정에서 우리의 노동력과 생명력vital potentia[26]의 생산성에 대한 '역전된' 이미지가 나타난다.

부채는 **위기를 관리하는** 하나의 방법이다. 폭발하는 것은 없지만 모든 것이 붕괴한다. 부채의 영속적 압박 탓에 안으로는 가족, 가정, 일터, 이웃 간의 금융적 의무가 관계를 점점 취약하고 불안정하게 만든다. 십 년 이상 지속된 대중 채무 구조는 우리에게 개인적 책임, 소위 '가정' 폭력의 증가, 존재의 더 큰 불안정화 등과 같이 위기가 만들어낸 현 상태에 대한 실마리를 제공한다.

카펜치스의 은유를 사용해 말하자면, 채무는 노동자, 가정주부, 학생, 이민자 등의 '인내심'을 관리한다.[27] 인내심에 관

26 스페인어로 '힘'을 뜻하는 두 단어가 있다. '포데르(poder)'와 '포텐시아(potencia)'가 그것인데, 각각 라틴어 '포테스타스(potestas)'와 '포텐시아(potencia)'에서 유래한 단어이다. '포데르'는 고정적으로 구성된 힘을, '포텐시아'는 역동적으로 구성하는 차원을 의미한다. '포텐시아'는 우리가 무언가를 하고, 영향을 받고, 타인에게 영향을 미치는 힘으로 정의된다면, '포데르'는 대표체를 그들 자신의 '포텐시아'와 분리하는 대의권의 메커니즘에 기반한 권력의 한 형태를 의미한다.

27 George Caffentzis, *Los límites del capital. Deuda, moneda y lucha de*

한 질문은 다음과 같다. 오늘날 자본이 스스로를 재생산하고 가치를 증식하는 데 필요한 폭력적인 상황을 우리가 언제까지 참을 것인가? 자본의 한계를 규정하는 주체적 차원이 대중 채무의 핵심 요소이다.

오늘날 페미니즘 운동이야말로 이러한 '주체적' 요소, 다시 말해 착취 및 가치 추출과 긴밀하게 연결된 동시대 폭력의 역동에의 불복종, 불이행, 거부와 관련해서 어떤 좌파 정치학보다 정확하게 논쟁을 제기하고 있다. 국제 페미니스트 파업을 조직하는 과정을 거치면서 우리는 노동으로 인정되지 않는 측면들을 가시화하고 연결하며, 생산적인 것과 재생산적인 것 사이의 위계를 거부하고, 몸, 갈등, 영토의 개념을 재정식화하는 투쟁의 공유 지평을 구축하는 등 전략적으로 이 지점을 밀어붙였다.

여성의 몸에 새겨진 글씨

우리는 위기의 폭력이 여성, 레즈비언, 트랜스, 복장전환자의 몸에 어떻게 새겨지는지 생각해 보고자 리타 세가토Rita Segato의 표현을 활용해 보았다.[28] 빈곤이 더욱 가혹해지는 가운데

clase (Buenos Aires: Tinta Limón and Rosa Luxemburg Foundation, 2018).

28 Rita Segato, *La escritura en el cuerpo de las mujeres asesinadas en*

가정을 벗어나 거리에 나와 있는 솥단지들과 같은 아주 구체적인 이미지에서 시작해 보자. 말 그대로 '민중의 솥단지'인 오야스 포풀라레스ollas populares는 공공장소, 광장, 거리, 정부 청사 앞 등에서 공동으로 음식을 준비하고 자유롭게 나누는 것으로, 사람들의 배고픔을 해결함과 동시에 재생산 위기를 정치화하고 저항하는 시위 형태로 기능한다.

아르헨티나의 초등학교 교사인 코리나 데 보니스Corina de Bonis는 2018년 9월 부에노스아이레스 근교 모레노 지역에서 학교 폐쇄에 반대하는 시위를 벌이다가 납치되어 고문을 당했다. 아르헨티나의 스승의 날 기념일에, 그녀의 복부에는 "솥단지는 그만no more pots"이라는 단어가 새겨져 있었다. 가해자들이 여성의 몸에 자신이 전달하고자 하는 협박을 적는, **말 그대로** 강력한 고문이었다. 가해자들은 투쟁하는 교사의 몸에 글을 쓰며 그녀에게 고문을 가한다. 다음 번의 솥단지는 공동묘지에 있게 될 것이라며 익명의 전단지로 이미 유포되고 있던 것과 동일한 메시지였다.

이는 거리의 솥단지와 공동 요리, 식사 행위가 일찍이 마

Ciudad Juárez (Buenos Aires: Tinta Limón, 2013). [옮긴이] 아르헨티나의 페미니스트 인류학자인 리타 세가토가 쓴 이 책의 제목은 "시우다드후아레스에서 살해된 여성들의 몸에 새겨진 글씨"이다. 정부의 방치 아래 멕시코의 국경도시인 시우다드후아레스에서 1993년부터 2011년까지 500건 이상의 연쇄적인 여성 살해가 일어났다. 희생된 많은 여성은 '마킬라'라고 불리는 노동 착취적인 면세 및 무관세 공장에서 일하던 직원이거나 이 지역의 학생이었다.

녀의 가마솥이 그러했듯이, 권력의 시각에서는 서로 얽힌 저항과 굶주림에 대항하는 주문을 통해 공동의 몸이 주조되고, 가난과 체념에 대한 비난에 반대하며, 요리하고 모의하는 만남, 자양, 대화의 공간으로 보였기 때문이다. 왜 그들은 그야말로 "솥단지는 그만"이라는 글씨를 몸 위에 썼을까? 솥단지를 두려워하기 때문이다. 솥단지가 금융 테러라는 단어로 은폐되는 모든 추상성을 무너뜨리기 때문이다. 솥단지의 힘은 '재정 적자 제로zero deficit[초긴축정책])'든 '주식시장의 비물질성'이든 모든 것을 분해하면서, 인플레이션과 긴축이 일상생활에 미치는 영향을 강력하고 명확한 이미지로 번역하기 때문이다.

최근 몇 달 동안 여성들은 2001년 금융위기 전후 실직 노동자 운동이 만들어낸 바리케이드처럼 다시 솥단지를 들고 나오기 시작했다. 사람들이 가진 것을 결집화하는 능력, 삶의 수호를 페미니즘 정치로서 전면에 내세우는 능력인 공동체주의 노하우가 다시 한번 등장했다. 솥단지를 거리로 갖고 나오는 것은 페미니스트 운동이 오랫동안 해온 것처럼 가정을 정치화한다는 의미이기도 하다. 즉, 가정을 울타리, 감금, 고독에서 벗어나게 하는 것이다. [이제] 가정은 거리에서 열린 공간이 된다. 바로 그것이 재생산 위기를 정치화하는 것이다.

인플레이션의 리듬에 맞춰 확산되는 위기, 대량 해고로 인한 긴축, 공공정책의 삭감으로 커진 위기에 더해 우리는 식량의 은행화bankarization를 덧붙일 수 있다. 오직 특정 사업체에서만 사용할 수 있고, 이마저도 일부 식료품점의 투기에 따른 가격 표시 '부재'로[29] 요즘은 사용할 수도 없는 '식품' 카드 말이다. 이 모든 것이 수백만 명의 굶주림으로 이어진다. 오늘날 이러한 굶주림은 사회 갈등의 지속적 군사화를 통해 범죄화되는데, '약탈'이라는 위협을 억압의 구실로 삼고, '안보'라는 명목으로 시위를 탄압하는 상황이다.

사회단체의 여성들은 식량 부족에 직면했을 때 아이들에게 음식을 더 나누고자 스스로를 조절하는 방법으로 끼니를 거른 경험담을 말한다. 이것이 용어상으로는 '식량 불안정'이지만, 정치적으로는 여성들이 위기에 맞서 어떻게 차별적 방식으로 자신의 몸을 내던지는지 보여준다.

금융 투기는 거리의 몸, 그리고 저항하는 솥단지와 전쟁을 벌이고 있다. 오늘의 솥단지는 과거의 가마솥과 연결되어 있다. 솥단지는 가마솥이 된다. 오늘날 아르헨티나의 여러 지역에서 사회적 재생산은 위기에 처해 있으며, 그 위기에 대한 인식도 확산되고 있다. 이러한 상황에 직면하며 정부는 금융 테러, 군부task group 형식의 테러,[30] 심리적 테러와 같은 도박에만 전념

29 [옮긴이] 인플레이션, 투기 등 불안정한 경제 상황으로 상점에서 가격을 아예 표시해 두지 않는 경우를 의미하거나, 가격 변동이 극심한 상황을 함의한다.

30 [옮긴이] 여기에서 task group은 아르헨티나 군사 독재 정권에서 반체제 인사를 체포하고 고문하는 비밀 군사 및 경찰 팀인 terror al estilo grupo de tare(작전 그룹식 테러)의 번역어로, 독재 정권 시기처럼 억압적 조치를 연상시키는 조직적 공포가 조성되는 양상을 가리킨다.

하고 있다.

피해자도 기업가도 아닌

세계적으로 가장 강력한 20개국 모임인 G20의 여성 그룹인 우먼20Women20이 2018년 10월 아르헨티나에서 만남을 가진 것은 우연이 아니다. 이들은 페미니스트 운동의 의제를 신자유주의에 반영하고자 조직되었다. 거대한 규모의 급진적 페미니스트 운동으로 전 세계에서 유명한 아르헨티나에서 이 정상회담이 열린 것은 우연이 아니다. 주요 발안 중 하나는 빚을 (심지어 더 많이!) 관리하기만 한다면 우리도 사업가가 될 수 있다고 믿게 만드는 여성의 '금융 포용'이며, 이 역시 우연이 아니다. 여기에서 '금융 포용'이라는 아이디어가 특히 여성을 '타고난' 사업가로 겨냥하면서 어떻게 금융 착취의 형태를 은폐하는지 살펴보고자 한다.

금융을 통한 포용이라는 이 '희극'은 우리가 모두 스스로 기업가가 되기를 열망하고, 은행이 그것을 지원하는 것이 이상적이라는 생각을 강요하는 것을 전제로 한다. 기업가는 피해자 형상의 보완물로, 이러한 주체화의 두 위치는 신자유주의를 핑크 워싱pink-washing[31] 하면서 고안되었다. 이에 페미니스

31 [옮긴이] 레인보우 워싱(rainbow-washing)이라고도 하는 핑크 워싱은 국가나

트들은 **우리는 피해자도 기업가도 아니다**고 응수하며 거부했다. 또한 위기를 가정 안에 가두는 사적이고 비관적인 관리 방식을 거부하는 등, 페미니스트들의 대응은 또 다른 거부 의사를 표명하면서 힘을 얻는다.

솥단지-가마솥은 금융 정부에 반대하며 등장했다. 거리의 솥단지들은 저항하는 신체들의 정치를 엮어내고, 우리를 비존재inexistence 상태로 내몰려는 시도에 대항하여 집단적으로 불을 지피며 외친다. "우리는 그들을 두려워하지 않는다!"

페미니스트 불복종과 파시스트 신자유주의

미셸 푸코Michel Foucault는 '처벌 사회The Punitive Society'라는 제목의 강의에서 감옥의 모습과 임금 형태 모두 시간을 교환 가능한 단위로 하는 등가 체계에 기반을 둔다면서, 둘 간의 유사점을 개괄했다.[32] 이것이 가능하려면, 추출적 의미에서 시간의 힘을 정복하는 것이 필요하다. 임금과 감옥은 역사적으로

기업이 추악한 현실을 가리기 위해 성소수자 친화적인 메시지를 활용하는 전략으로, 팔레스타인 점령을 정당화하기 위해 다양성을 존중하는 인권 국가로 스스로를 표방하는 이스라엘의 사례가 여기 해당된다. 본문에서 언급된 '핑크 워싱'은 금융이 성평등을 지지하는 것처럼 홍보하거나 이를 시장화함으로써 신자유주의가 야기하는 경제적 불평등을 가린다는 의미이다.

32 Michel Foucault, *The Punitive Society: Lectures at the Collège de France, 1972–1973*, ed. by Bernard E. Harcourt and Graham Burchell (New York: Picador, 2018[1973]).

시간을 추출하기 위한 특정한 공식과 연결되어 있다.

하지만 임금은 이미 발생한 노동을 착취하는 반면에 감옥은 미래의 시간을 착취한다. 이러한 의미에서 감옥이 가치 추출의 또 다른 메커니즘이라고 가정한다면, 감옥 형태는 부채 형태와 더 많은 유사성을 보여준다. 감옥과 빚은 둘 다 미래 시간에 걸쳐 작동한다. 그러나 감옥이 우리를 고정시키고 규율한다면, 빚은 이미 언급했듯 우리를 일하게 하고 동원하고 명령한다.

만약 부채를 역사적으로 일어난 일련의 특정한 투쟁에 대한 응수로 이해한다면, 부채는 계급이라는 바로 그 개념을 재구성하면서 삶의 시간과 노동 시간을 추출하는 메커니즘이기도 하다. 우리의 가설은 부채가 노동의 자주 관리와 사회적 재생산의 정치화를 목표로 하는 사회적 발명social inventions[33]을 포획하는 기계로 역행적으로 기능한다는 것이다. 아르헨티나의 경우(라틴아메리카 전체로 확장할 수도 있다) 부채는 대중의 과잉 생산성을 착취하고 억제하는 역기능을 하고 있으며, 페미니즘은 [이 문제를 부각시키고 비판하면서] 급진화시켰다.

33 [옮긴이] '사회적 발명'이란 사회적 관계와 제도를 변화시키기 위해 사람들이 고안해 낸 새로운 형태의 조직, 행동 방식, 대안적인 시스템을 의미한다. 즉 기존의 제도나 조직을 보완하거나 대체하기 위해 만들어진 자율성과 연대에 기반한 다양한 사회적 시도가 여기 포함되는데, 대안적 경제 모델, 협동조합, 지역화된 자원 분배 시스템 또는 비공식 노동 네트워크 등은 모두 사회적 발명의 일환으로 볼 수 있다.

사회적 저항은 부채가 어떻게 계급 통치의 기구로 확장되고 있는지 이해할 수 있는 해석의 좌표를 제공한다. 그러나 자본의 가치 증식에 도전할 수 있는 분쟁conflicts을 어떻게 분류할 것인지에 관한 고민도 필요하다. 우리는 1970년대의 혁명(물론 패배한 혁명)만 인정하는 철학적이고 향수 어린 맨스플레인이 반복되는 것을 보고 있다.[34] 부채를 페미니즘적으로 읽는다는 것은 정확히 그 반대이다. 부채의 페미니즘적 독해는 오늘날 목격하고 있는 페미니스트 혁명의 거대함과 급진성을 인정하는 것이기 때문이다.

거기에서 시작해 우리는 자본 축적의 구체적인 위협에 대응하고자, 현재 부채가 포획의 시간성을 예측하고 미래를 고안하는 능력을 제어하기 시작하는 방식을 고민하는 것에 관심이 있다. 여기에서 삶의 더 많은 영역을 금융화하는 신자유주의 프로젝트와 오늘날 욕망, 관행, 삶의 방식의 불확실성을 규율하는 데 초점을 맞춘 파시즘 사이의 구체적인 상호연결 방식을 볼 수 있다.

(학교 성교육은 '젠더 이데올로기'라고 공격받지만) 학교에서 보충 교육 과정의 하나로 '금융 교육'을 포함시켜야 한다는 요구가 증가하는 것뿐만 아니라, '일하지도 공부하지도 않는'

34 Maurizio Lazzarato, *Governing by Debt*, trans. by Joshua David Jordan (South Pasadena CA: Semiotext(e), 2015)를 보라.

청년들에게 경찰학교에 입학하도록 대출을 제공하는 최근의 프로젝트도 이러한 맥락에서 해석할 수 있다.

금융 의무가 가정하는 미래 시간성과의 관계는 의무의 법적 차원뿐만 아니라 채무 불이행을 도덕화하는 과정이 특히 청년을 대상으로 어떻게 중요한 의미를 갖게 되었는지 이해하는 데 핵심적 요소이다. 이 논쟁은 주체성의 형성과 미래의 사회적 발명을 통제하는 문제를 둘러싸고 일어나고 있다.

우리는 푸코가 이해했던 도덕과 법 사이의 끊임없는 전사transcription, 즉 도덕적 규율에 대한 논쟁이 구체화되고, 그 논쟁 이후 법이 작동하는 장면을 실제로 보고 있다. 따라서 파시스트적 신자유주의가 제안하는 우리 대륙의 금융적 재식민화가 청년들에게 부채를 지고 이성애 가부장제 가족의 명령에 따라 훈육된 존재가 되기를 동시적으로 요구한다는 점이 점점 더 분명해지고 있다.

반격

녹색 물결에 맞서는 녹색 지폐

2018년 5월, 레박Lebac(중앙은행이 고금리의 페소화 채권으로 외화를 유치하고자 금융 투기에 사용한 어음)이 만기된 날, 중앙은행 앞에서 민중의 솥단지들이 김을 내뿜고 있었다. 그날은 일찍이 "검은 화요일"로 불리며 채권 매각으로 일주일 동안 예금 인출 대란bank run이 일어나고, 달러 가치가 끝없이 상승할 것이라 예견되었다. 민중의 솥단지들과 함께 풀뿌리 단체의 활동가들은 부에노스아이레스 지방 은행과 증권거래소, 두 금융기관 안에서 사전에 성명서를 낭독했다.

2018년 6월, 하원의회에서 합법적이고 안전하며 자유로운 임신 중지 법안에 관한 토론을 하던 첫 번째 대규모 농성 다음날, 정부는 **녹색 달러(미국 달러)를 사용하며 (페미니스트들의) 녹색 물결에 대응했다.**[35] 즉, 페미니즘의 승리 다음날 달러 가격 급등을 통해 이를 무마하려 한 것이다. '녹색 물결'의 날이었던 6월 13일, 백만 명의 인파가 낙태 권리를 지지하면서 의회 건물 주변에서 철야 캠핑을 하며 캠페인의 상징인 녹색 손수건을 흔들었고, 이른 아침 하원의회는 낙태 합법화 법안을 승인했다.[36] 우리 페미니스트들이 여전히 거리에 있었던 그날 아침, '녹색 물결'의 뉴스는 달러 가치의 걷잡을 수 없는 상승을 지칭하는 '녹색 대란green run'과 경쟁하고 있었다. 이 이

35 [옮긴이] 2018년 6월 7일 아르헨티나 정부는 국제통화기금(IMF)과 500억 달러 규모의 대기성차관(standby loan) 구제금융 대출에 합의했다. 미국 달러 지폐가 주로 녹색인 것을 비유하는 "녹색 달러"라는 표현은 페미니스트들의 녹색 물결과 대비를 나타내며, 페미니스트의 승리와 동시에 가시화된 달러 가치 급등으로 대표되는 경제 위기를 지칭한다.

36 2018년 8월, 합법적이고 자유롭고 안전한 임신 중지 법안은 아르헨티나의 상원에서 부결되었지만 2020년 12월 마침내 통과되었다.

미지는 (낙태 캠페인의 녹색과 녹색 달러의) '녹색' 간 대립, 거리에 나온 백만 명의 신체와 탈육체화된 금융 투기 간의 대립으로 나타난다. 이러한 사건들은 분절된 것이 아니다. 탈육체화된 녹색의 금융 투기가 낙태 권리를 지지하는 녹색으로 물든 몸들을 거리에서 짓밟으려 한 것처럼, 오히려 우리는 그곳에서 벌어진 힘의 경쟁을 분석할 수 있다.

우리 아이들을 망치지 말라

부채는 그것을 지탱하는 복종의 경제 없이 존재할 수 없다. 부채는 또한 여성과 여성화된 신체의 삶과 욕망에 대한 차등적 도덕화differentiated moralization이기도 하다. 공장에서의 반복적인 기계 노동에 얽매인 훈육 습관으로 노동자의 도덕성이 생산되지 않는다면 어떤 일이 벌어질까? 부채가 공장의 훈육을 대체할 때 부채는 도덕화의 장치로서 어떻게 기능할까? 유연하고, 불안정하고, 어떤 면에서는 훈육되지 못한 노동력에서 도덕화는 어떻게 작동할까? **복종의 경제인 부채는 이성애 가부장제 가족의 위기와 어떤 관련이 있을까?**

멀린다 쿠퍼Melinda Cooper는 신자유주의가 비도덕적이거나 심지어 반규범적인 체제라는 통념을 해체하면서, 사회생활의 기본 단위로서의 이성애 가족 육성과 그 구조 안에서 여성의 전통적 역할이 물화reification되는 것, 그리고 사회 서비스가 민영화되면서 여성이 삶의 재생산을 위해 더 많은 일을 전담해야 하는 것 사이에 존재하는 친연성을 보여준다.[37] (신자유주의 국가 개입이 선호하는) 표적 사회부조targeted social assistance는 가부장제 가족 안에서 자녀 출산, 자녀 돌봄, 등교, 예방접종 등 여성의 역할에 따른 의무와 관련된 자격merit의 위계도 강화한다. 따라서 우리가 **재생산의 정치화**라고 일컫는, 거리의 솥단지들과 여타 공동체 활동이 얼마나 중요한지 분명해진다. 이러한 실천 덕택에 우리는 재생산 업무의 속박enclosure(인클로저)에 도전하면서, 그것을 이성애 규범적 가족 외부로 가져갈 수 있다.

그러므로 우리는 일상을 도덕화하는 기구인 부채와 라틴아메리카 전역에서 교회를 배후에 둔 보수 단체들이 페미니즘 관점, 포괄적인 성교육, 또는 심지어 정부 정책이나 학교 커리큘럼에 사용되는 '젠더'라는 단어조차 반대하려고 만든 "#우리아이들을망치지말라#ConMisHijosNoTeMetas"는 슬로건의 연결을 제안하고자 한다. 이 책에 실린 인터뷰에 따르면, 노동시장에 처음으로 진입하려는 18세의 소년, 소녀 등 점점 더 어린 사람들이 부채를 떠안게 된다. 부채는 이러한 초기의 불안정한 노동 궤적에서 의무의 '체계structure'로서 제안된다. 고용은 간

37 Melinda Cooper, *Family Values. Between Neoliberalism and the New Social Conservatism* (New York: Zone Books, 2017).

간이 일어나는 반면, 부채는 장기적이다. 따라서 소득이 불연속적임에도 의무는 연속적으로 작동하며, (이자 및 할부 결제에 점점 더 많이 사용되기에) 소득을 더욱 취약하게 만들고, 사람들이 어떤 형태의 노동 조건도 수용하도록 강요하는 협박으로 점점 기능한다.

빚을 진 불안정한 청년들에게 어떤 **도덕 교육**이 필요할까? 정부가 **학교에 금융 교육을** 도입하는 동시에, **포괄적인 성교육** Comprehensive Sexual Education(ESI)**의 시행을 거절**한 것은 우연이 아니다. 이는 [성교육] 예산 삭감, 종교적 비정부기구NGO로의 외주화, 예방적 규범으로의 제한 등의 형태로 나타났다. 상상의 나래를 펼치고 이성애 규범적 가족 너머의 다른 관계와 욕망의 실천을 정당화하는 능력을 위축시키는 방향으로 성교육을 제한하고 그 방향을 바꾼다. (아르헨티나와 몇몇 국가에서 소위 '젠더 이데올로기'에 맞서 싸우는 보수주의자들처럼) "우리 아이들을 망치지 말라"는 이름으로 싸우는 것은 국가가 조기 '금융 교육'으로 청년의 재도덕화를 보완하려는 '십자군 전쟁crusade'이다.

최근 몇 년 동안 브라질에서 학교는 저항의 중요한 장소였다. 학생들은 2015년 대규모로 강력한 점거 시위를 벌였고 그 이후로 [학교는] 오늘날 '젠더 이데올로기'를 퍼뜨리고 있다는 비난 속에 그들을 훈육하려는 백래쉬의 표적이 되고 있다. 초등학교에서 대학교까지의 교육 기관에서 페미니즘 관점의 교육이 범죄화되고 있는데, 그것이 청소년과 아이들의 삶에서 이성애 가부장제 가족만이 유일하게 가능한 숙명이라는 명령을 중단시킬 만한 욕망을 새롭게 재구성해 주고, 대륙 전역에서 박해받는 청년들을 정치화하기 때문이다. 칠레 역시 주목할 만한데, 경찰력이 학교를 (말 그대로 상징적인 건물 옥상을 영구적으로 점거하듯) 점거했고 이는 지역에서 일어나는 마녀사냥의 또 다른 극단적 예시이다. 이 공격으로 2018년 5월 페미니스트 봉기를 끌어낸 새로운 세대의 반란은 범죄화되었지만, 이는 수년에 걸쳐 결집한 학생운동 세력의 연속선에서 비롯된 것이기도 하다. 오늘날 이들은 부채 없이 대학에 진학할 수 있는 무상 공교육과 반성차별적 교육을 동시에 요구하고 있다.

가족과 금융은 도덕 장치로서 하나로 결합된 기계joint machine**를 이룬다**. 따라서 페미니즘 물결에 맞선 종교적 반격은 동시에 경제적인 반격이기도 하다. 금융과 종교는 **상호보완적인 복종의 경제**를 구축한다.

우리는 이러한 장면에서 젊은이의 몸이 어떻게 전쟁터가 되는지 목격한다. 자본은 젊은이들을 불안정화, 부채, (폭력적이고 붕괴된 형태일지라도) 핵가족에 복종하는 노동자로 만들어 자본의 가치 증식의 지평을 확장하려고 한다. 금융이야말로 어릴 때부터 아이들을 망칠 수 있다.

신사협정

마크리 정부가 선거에서 패배하기 전인 임기 마지막 해(2019)에 식품 독점 기업과 맺었던 협정을 우리는 '신사협정'이라 부를 것이다. 사실 이 같은 신사 이미지는 인플레이션 위기에 대응하고자 60개 생필품 가격을 6개월 동안 동결한다고 발표한 재무부 장관 자신이 직접 만든 것이다. 그는 기업 수장과 정부 공직자 사이의 남성 연대를 믿기 때문에 이 협정에 어떤 종류의 제도적 재보험이나 서면 약속도 필요하지 않다고 설명했다. 우리는 이러한 '신사협정' 방식이 실은 우리에게 더 많은 무언가를 말하고 있다고 생각한다. 위기를 해결하려는 가부장제적 제안이랄까. 이것은 어떤 의미가 있는 것일까?

1. 독점자본에 대한 믿음으로 위기를 '해결하기'

정부는 우리가 익히 알고 있듯이 일상생활에 직접적인 영향을 미치는 위기, 즉 '기본 식료품'과 관련된 문제를 [실질적으로 해결하기보다는] 합의 형태로 처리하고자 했다. 즉 가족 단위 생산자를 쫓아내고 다른 소규모 경제를 질식시켜 식량 생산을 독점한 결과 가격 급등을 통제하지 못한 책임이 있는 정치 계급political class과 기업 수장 같은 신사들 간의 합의가 그것이다. 이는 (10년 전 식품 카드로 강제적 개인 은행화가 달성되어) 식량 공급의 금융화가 이미 공고해졌고 기업식 농업이 생산 모델로 확장되면서 기하급수적인 영향을 미쳤다.

2. 더 많은 부채로 위기를 '해결하기'

2019년의 위기를 '완화'하기 위한 또 다른 충격적인 선언이 있다. 퇴직자와 기타 사회 보조금 수혜자들에게 수당을 분배할 책임이 있는 공공기관이 대출을 제공하겠다고 발표한 것이다. 결국 이들의 목표는 자원이 가장 적은 부문[저소득층]에 대한 금융 착취를 심화하여 각 가정에 미래의 빈곤 장치로 부채를 끼워 넣는 것이었다.

3. 금융 문제를 기술 전문가 간 토론으로 취급해서 위기를 '해결하기'

금융 투기는 정치 투기 없이는 상상할 수 없다. 둘 다 우리 미래를 갖고 노는, '대기 중waiting'의 기계이다. 달러화가 폭등하는 동안 (아르헨티나에서 가장 독자가 많은 신문인) 『클라린Clarín』은 중앙은행이 "선물 매도로 폭등 통제 시도 중"이라는 헤드라인을 작성하며 대중을 안심시켰다. 금융 문제가 기술 문제로 설명되면서 신사들 간 협상으로 위임된다. '당장' 개입할 수 없다면서 금융의 일상적 결과를 부정한다는 점에서 이중으로 탈정치적이다. 정치 투기는 금융 투기의 리듬에 발맞추고 금융 투기는 정치 투기로 이어진다.

내 분담금을 누락하는 가부장제

연금개혁은 국제통화기금IMF이 부채 탓에 강요된 긴축 정책으로 제시한 핵심 요구사항 중 하나였다. 우리는 이것이 **사회권에 대한 징벌적 개혁**punitive reform of social rights이라고 생각한다. IMF는 다른 여러 국가에서와 마찬가지로 특히 '가정주부'를 대상으로 한 '연금 모라토리엄(연금 지급 유예)'을 포함해 퇴직 권리retirement rights를 축소할 것을 제안했다. '가정주부'라는 이름으로 평생 무급이거나 저임금으로 일하고 고용주가 이들을 위한 연금 분담금을 낼 책임이 없는 사람들의 연금 수급권을 주장해 왔다. 이에 페미니스트 운동은 위의 정책을 경제적 조정과 연관된 규율적 시도라는 점에서 징벌적 삭감의 프레임으로 보고 있다.

페미니스트 운동과 노동운동의 연합은 재생산 노동, 돌봄 노동, 관심 노동[38]을 가시화하고 가치를 부여하는 동시에 성적 노동 분업에 따른 임금 격차를 고발하면서 정부 선언을 거부하는 데 앞장섰다. "모든 여성은 노동자다"라는 구호를 내건 인

38 [옮긴이] '관심 노동(attention labor)'은 '돌봄 노동(care labor)'과 밀접하게 연결되며, 두 개념 모두 현대 사회에서 주의력과 감정, 시간, 에너지를 활용하는 비물질 노동(immaterial labor)으로서 자본주의적 구조에서 수익 창출의 원천이 된다는 점에서 유사하다. 다만 관심 노동은 디지털 관심 경제 혹은 주목 경제(attention economy)와 연결되어 디지털 관계망에서의 관심과 소통을 주고받는 형태를 포함한다고 볼 수 있다.

터유니온inter-union은 아르헨티나의 전체 노조 연맹 여성 조합원 내의 유서 깊은 페미니스트 동맹으로, 노동을 이해하는 폭을 넓혔고 더불어 역사적으로 무급이거나 저임금의 여성화된 노동에 관한 대우와 인정에 관해 문제 제기할 수 있는 역량을 키웠다.

연금 모라토리엄에 따른 '혜택'은 적어도 문제를 제기해야 할 사안이다. 권리는 부채를 통해서만 접근할 수 있기 때문이다. 모라토리엄에 따라 정부와 고용주가 책임져야 할 연금 분담금은 개인이 개별적으로 '구매'해야 할 것이 된다. 그러나 여성 노동자들은 자신들의 노동으로 이득을 본 이들이 이에 대한 분담금을 납부하지 않는다고 이를 떠안는 것 외에도, 자신의 빈곤을 '증명'하는 사회경제 보고서에 따라 [연금 모라토리엄 혜택에] 제한을 받는다. 정부는 이러한 필터를 이용해 '취약성'을 충분히 입증하지 못했다는 기준을 들어 모라토리엄 혜택에 접근할 수 있는 여성 인구의 수를 줄여왔다. 다시 한번 우리는 긴축과 가정 내 속박을 벗어나는 노년의 삶의 가능성에 대해 가부장적 처벌이 작동하는 것을 목격한다. 그리고 또다시 저항 운동이 일어나자 정부는 마침내 물러서야 했다. 취약성을 드러내는[증명하는] 일은 오늘날 권리의 틀 안에서 재해석되고 가치가 부여된 노동 이력에 대한 인정과 대립한다. 또한 그것은 노년이 비생산적이며 비참한 폐기물로 취급받는 것이 아니라 자율성을 누리는 시기여야 한다는 요구와도 대립한다.

소위 '가정주부'라고 불리는 이들의 퇴직 권리를 취약성 및 빈곤 증명과 연관시키는 것은 젠더 위계를 정상화하는 동시에, 세대와 관계없이 가족 명령에 저항해 온 모든 여성에게 '가정으로의 복귀'를 제안하는 보수주의의 확산과 맞닿는다. 라플라타국립대학 분배노동사회연구센터CEDLAS의 통계는 많은 여성의 삶에서 퇴직금이 어떤 의미를 갖는지 보여준다.[39] 연구에 따르면 이혼/별거 확률은 2.6% 증가했고 60세 이상 커플의 이혼 건수가 18% 증가한 것으로 해석할 수 있다.

또한 사회권의 징벌적 개혁은 권리를 개인 부채라는 말로 번역해 버리고, 빈곤 입증으로 권리에 대한 접근을 도덕화하는 일련의 메커니즘을 포함한다. 한편 정부는 2018년에 아동 빈곤율이 51.7% 증가하자 퇴직 연금과 사회 보조금을 담보로 사용하는 새로운 대출을 공표했다. 이는 '공공정책'의 두 가지 전제, 즉 퇴직 연금만으로는 생활이 어려우며 그 부족분을 충당하는 방법은 부채라는 것을 확인시켜 준다. 퇴직 연금은 최저 생활도 보장하지 못하지만, 이를 빌미로 금융자본이 국가의 승인을 받아 가장 가난한 사람들의 일상생활에 침투하도록

39 Inés Berniell, Dolores de la Mata, and Matilde Pinto Machado, "The Impact of a Permanent Income Shock on the Situation of Women in the Household: The Case of a Pension Reform in Argentina," CEDLAS Working Paper No. 2018 (La Plata, Argentina: CEDLAS, 2017).

한다.

“일터에서 집으로”라는 고전적인 슬로건은 공장과 가정 사이에 어떤 ‘방해 요소’도 없는 규율화된 노동자의 경로를 보여준다. 이 경로가 명확히 보여준 것은 성적 노동 분업이었다. 한 곳은 일터이고 다른 한 곳은 휴식처이다. 물론 이곳에서 저곳으로 이동하는 움직임의 ‘주체’는 남성이고, 노동자와 동의어였다. 페미니즘 운동은 무엇보다 남성 중심적 노동에 관한 이해, 즉 노동은 집 밖에서 종결되고 가정주부의 의무를 통해 밝고 깨끗하게 유지한 집은 남성 생계 부양자를 위한 피난처이자 안식처로 기능한다는 ‘장소’의 이미지와 의미를 전복하고 해체했다. 1970년대 페미니스트들은 조립라인이 부엌에서 시작되고 여성의 신체는 노동력을 창출하는 ‘공장’이기에 여성들은 ‘생산성’, 다시 말해 강제된 모성을 촉진하고자 온갖 종류의 규율에 종속된다고 설명했다.

오늘날 노동운동과 페미니즘 간 동맹은 지난 4년간 페미니스트 파업의 정치적 실천으로 힘을 얻었다. “한 명의 퇴직 여성도 잃을 수 없다”[40]라는 구호 아래 ‘인정받지 못한’ 노동을 노동 의제의 우선순위로 인정할 것을 노조가 제안할 수 있었다. 지난해 실비아 페데리치는 노동운동에 관한 신화적 의미

40 [옮긴이] 이는 ‘단 한 명(의 여성)도 잃을 수 없다’는 의미의 니우나메노스(Ni Una Menos) 운동의 구호를 변형시킨 것이다.

가 가득한 장소인 파세오 콜론가街에 위치한 부에노스아이레스 인쇄 노동자 연맹FGB의 유서 깊은 본부에서 열린 노조 연맹 여성 활동가들과의 회의에서 다음과 같이 말했다. "언제나 우리는 공장에서, 사무실에서, 학교에서, 집에서 일하는 여성으로서 분리돼 왔다. 경제적, 사회적, 세대적 차이 탓에 공통의 지형을 만들기가 매우 어려웠다. 그러나 지금 페미니즘 운동이 [여성 노동자들의 공통의 지형을 만들어내는] 그 일을 해내고 있다."

이처럼 페미니즘 운동은 노동에 대한 전반적인 이해를 구축해 왔고, 평가 절하된 주체라는 역사상의 **부분적**partial 위치 덕분에 **정상**normal 노동이라는 개념 자체가 어떻게 붕괴하는지 분석할 수 있다. 물론 임금을 받는 남성이자 시스-이성애자의 공식 부문 직업과 같은 헤게모니적 이미지로 제시되는 정상 노동은 일반적 상상이기도 하고 이상ideal으로 남아 있기도 한다. 그러나 정상 노동이 희소해지면서 이러한 이상은 반동적인 방식으로 작동할 수도 있다. 예를 들어, 그러한 직업 형태를 가진 이들은 자신을 특권층으로 인식하면서 불안정 노동자, 실업자, 이주민, 비공식 부문 노동자의 물결에서 자신을 방어해야 하는 위험에 처한 존재로 여길 수 있다. 현재 노조 정치의 상당 부분 역시 '특권을 방어하기' 같은 행동을 요구받고 있으며, 따라서 이들은 일반화된 위기에 직면해, 특히 노동의 다변화multiplication와 관련해 반동적 입장에 서게 된다.

페미니스트-노조 연맹은 노동 구성의 변화를 인지하고 이에 대응하여 반동적 위계를 전환할 의제를 제안한다는 점에서 근본적이다. 이는 공식 부문 노동의 방어만을 유일한 지평으로 설정하는 대신에, 노동으로 식별되지 않는 모든 업무를 인정하는 데서 출발한다. 따라서 역사적으로 가치를 생산한다고 인정받지 못했던 여성, 성적 불온분자, 이주민, 대중경제 노동자 등의 공통된 행동의 장을 만들어낸다. 최근 몇 년에 걸친 페미니스트 운동의 횡단적 구성은, 예컨대 현재 기대 수명이 40세가 안 되는 트랜스-트라베스티 인구의 특수성을 고려한 연금 모라토리엄이 어떤 모습일지 생각해 볼 수 있는 상상력을 열어주었다.

일부 노동자가 다른 이들을 위협한다는 식으로 노동 세계를 이해하는 반동적 방식은 공식 부문의 임노동 위기를 '극복'하고자 소규모 기업가 정신을 장려하는 신자유주의 형태와 결합된다. 기업가가 되어 채무를 지는 것은 언뜻 안정적 고용이라는 보수적이며 향수를 불러일으키는 수사와 반대되는 듯하지만, 우리가 목격하는 것은 신자유주의와 보수주의 사이의 실질적인 동맹이다. 신자유주의는 보수적인 친가족적이고 시스-이성애 규범적 명령이 긴축의 결과를 사유화할 때 더욱 강력해지며, 이는 개인의 책임 및 가계부채라는 언어 아래 가정이라는 폐쇄된 공간에서 일어난다.

이 모든 이유로 최근 노동의 지형을 **페미니스트적으로 진**

단하는 데서 발휘되는 힘potencia은 임금 고용을 통한 특정한 포섭 패러다임의 종식을 **비파시즘적 시각으로 읽어내고**, 우리가 노동이라고 부르는 것의 다른 이미지를 제시하며, 그것을 인정하고 보상하는 새로운 공식을 전개하는 데 있다

페미니즘 운동의 횡단성은 동원력, 규모, 영향력 면에서 노조의 구성 요소와 매우 중요한 동맹을 맺는다. 또한 **전통적으로 노동자로 간주되는 범위를 넘어서기** 때문에 결과적으로 노조의 '단결' 문제를 변화시키는 공동의 역량을 이루어낸다. 예를 들어, 대중경제 여성 노동자, 비조합원 노동자, 가정주부, 퇴직 여성에 대한 노조 상호 간 인정이 그것이다.

노조가 재생산 업무, 공동체 일, 지역사회의 일, 불안정한 업무가 가치를 생산한다는 것을 인정할 때, 노조의 경계는 더는 공식 부문 노동자의 **전유물**로만 일을 국한시키는 '울타리'가 될 수 없다. 이러한 조치로 임금과 불안정화가 착취하는, 은폐된 또 다른 업무도 조명할 수 있다.

따라서 "노동자들이여 단결하라. 싫으면 꺼져라!"라는 역사적인 구호에 ['여성 노동자들이여 단결하라'와 같이] 여성 노동자를 특정해 성별을 부여함으로써, 우리는 성차별적인 위계 구조 안에서는 단결이 더는 신성시될 수 없음을 확인하게 된다. 노조 내에서 운동의 힘은 여성 노동자를 하위에 두는 단결이 훈육과 복종을 통해 달성되었다는 사실을 실제로 고발한다. 반면에 여성 노동자의 개념을 확장함으로써(모든 여성이

노동자이므로) 단결은 **횡단**적인 힘이 된다. 이는 노조가 역사적으로 일로 인식하지 않았던 업무와 직종으로 구성되며, "한 명의 퇴직 여성도 잃을 수 없다"라는 역사적 정당성으로 이어진다.

부에노스아이레스시의 부채와 도시 개발

우리는 부동산 투기와 관련된 특정 형태의 부채가 작동하는 것을 목격하고 있다. 라켈 롤니크Raquel Rolnik가 언급했듯이,[41] 우리는 "금융 시대에 토지 및 주택의 식민지화"에 직면해 있다. 이러한 질문을 탐구하기 위해 최근 가장 폭력적인 도시 개발이 진행되고 있는 부에노스아이레스시 중심부의 슬럼villas 중 하나인 비야 31Villa 31을 들여다보자.

그건 우연이 아니다. 이곳은 위치 때문에 항만 물류와 토지 투기의 전략적 지역이다. 시 정부와 부동산 자본이 가장 탐낸 도시 지역 중 하나인 이곳에 맥도널드와 산탄데르 은행이 설립되면서 [개발] 프로젝트가 시작되자, 이 지역 페미니스트 모임은 그 도시 개발 과정을 폭로하고 저항하기 시작했다. 한편 미주개발은행은 슬럼가와 고급 지역인 레콜레타를 연결하

41 Raquel Rolnik, *La guerra de los lugares.La colonización de la tierra y la vivienda en la era de las finanzas* (Barcelona: Descontrol, 2018).

는 '가교 지역'에 본사를 건설할 계획이다.

여기에는 많은 이해관계가 걸려 있다. 시 정부는 국제 신용기관의 부채를 상환하려고 슬럼 구역의 토지를 매각하고자 한다. 페미니스트들은 '부채와 젠더 명령gender mandates에 반대하는 페미니스트 입장에서 도시 개발'에 관한 집회를 즉각 소집했다. 이들은 매우 페미니스트적으로 슬럼에서의 부동산 사업 추진에 맞선 저항 형태를 지도화했다. 그리고 이 과정이 공공 부채 및 민간 부채와 보조금 주택 수혜자를 선정하는 데 이용되는 젠더 명령과 어떻게 연관되는지 토론했다. 집회에서 논쟁은 두 가지 주제로 나뉘었다. 하나는 '불안정성과 부채'였고, 다른 하나는 '페미니스트적 영토 조직화'로, 이 두 주제는 행동하기 위한 완벽한 의제, 즉 페미니스트 문법으로 해야 할 일의 지도 작성법을 이루었다.

최근 건설된 신규 공공주택은 대출을 통해 공급된다. 자신이 접근할 수 있는 또 다른 주택의 '가상' 소유자가 되려면 매월 대출을 상환하겠다는 약속을 해야 하고, 무엇보다 먼저 자주 관리 노동으로 열심히 노력해 일군 토지와 자신의 집을 포기해야 한다. 이와 같은 지출에 더해 일상 경제를 보다 복잡하게 만드는 두 가지 부가적인 요소가 있다. 첫째, 이전에 사회적 동원[42]으로 얻어낸, 무상이거나 저렴한 [공공] 서비스의 공

42 [옮긴이] '사회적 동원(social mobilization)'은 집단행동이나 운동을 통해 특정

동체주의적 '연결'이 사라지면서, 이제 가스, 전기와 같은 서비스를 달러화 요금으로 지불해야 한다. 둘째, 신축 주택의 설계 때문에 자신이 일하던 곳에서 일하고 사업을 운영할 가능성도 사라진다.

신축 주택은 목수일, 기계업부터 대장간, 세탁소, 소규모 소매업에 이르기까지 사람들이 노동 활동을 계속할 수 있도록 준비되어 있지 않았다. "빚은 있고 일은 없는데 대체 어떻게 갚기를 기대하는 건가요? 그들은 우리가 갚지 못하기를 바라면서 '우리' 집의 소유권을 가져가려는 속셈인 게 뻔해요"라고 한 주민이 말한다. 또한 도시 개발 계획에 저항하는 사람들을 압박하고 괴롭히기 위해 전기를 끊고 문 앞에 쓰레기를 버렸다고 몇몇 주민이 전하기도 한다.

계약 증서에는 대금을 체납할 경우 '합법적' 방식으로 퇴거 조치를 취할 수 있다는 내용이 포함되어 있으며, 현재와 같이 어려운 경제 상황에서 [퇴거가] 발생할 가능성이 매우 높다. 이는 수도, 전기, 가스와 같은 서비스 요금을 미납할 때에도 적용된다. 다시 말해 모든 것이 주택 소유권을 위태롭게 하며, 모든 것이 부채 메커니즘에 따라 퇴거를 유발하고 법으로

한 사회적, 정치적, 경제적 요구를 이루고자 하는 과정이나 활동을 뜻하며, 대체로 인권, 사회 정의 또는 정책 변화를 요구하는 집단적인 목적에 따라 실행된다. 시민단체, 지역사회 조직 또는 비공식 네트워크 등 다양한 주체가 협력해 시위, 캠페인, 정부 청원 등의 행동을 수행한다.

중재되도록 준비되어 있다.

그러나 금융화는 부채에 기반한 주택 소유권 부여에만 영향을 미치지는 않는다. 시의회가 승인한 법안에는 주택담보대출 부채 소유권을 제삼자에게 판매할 가능성도 포함되어 있다. 이처럼 주민들이 은행이나 투자 펀드의 채무자로 '생산되면produced', 집이나 땅을 파는 것 외에 다른 '선택지'가 없다. 아마도 해결책은 그들을 부동산 소유자로 만드는 것이다. 그러나 [채무가] 실제로는 [소유권] 박탈dispossession을 가능하게 하는 순간으로 작용한다. 결국 정부는 주민의 강제 퇴거로 '해방된' 토지를 매각하여 도시의 부유한 지역을 재개발하기 위해 국제 신용 기구에서 빌린 빚을 갚겠다고 주장한다. 이로써 폭력, 공공 부채, 민간 부채, 강제 추방을 연결하는 완벽한 순환고리가 형성된다.

도시화에 대한 페미니즘의 관점은 부채에 근거한 소유권 이전 과정을 고발하는 데 그치지 않고 더 나아갔다. 이들은 정부가 약속한 부동산 증서가 시스-이성애 기준을 토대로 분배되었으며, 그것이 여성, 레즈비언, 트라베스티스, 트랜스의 삶을 재도덕화하는 방식이라는 점도 함께 문제화하면서 고발한다. 사실 이 증서는 자녀를 둔 이성애자 가족 구성원인 남성 또는 여성에게만 주어진다. 따라서 정부가 주택을 받을 만한 자를 결정하고자 대상을 분류하는 방식은 이성애 가족 외부를 살아가는 사람들을 징벌하는 시스템을 생산한다. 이에 대응하고자 조직화된 페미니스트 저항은 지도를 그리고, 고발하고, 무엇보다도 경계를 늦추지 않는다.

금융에서 몸으로

2019년 말 마크리가 선거에서 대패한 후 정치는 다른 방식으로, 더 정확하게는 통화 전쟁을 통해 지속되었는데, 우리가 금융 테러리즘이라고 부르는 이것은 선거 국면에서 더욱 가속화되었다.

금융 테러리즘에는 다양한 방법이 있다. 임박한 파국에 관한 위협적 담론, 통제되지 않는 이자율 궤적, 채권 보유자들의 특권, 전문가들의 기술적 언어, 아무도 책임지지 않는 정체불명의 통화 운용, 부채의 만연화 등이 대표적이다.

통화는 사회관계, 즉 힘의 관계를 표현한다. 선거 바로 다음날 발생한 통화 평가절하의 탐욕이 보여주듯이,[43] 내전은 (마르크스Karl Marx의 말처럼) 통화가치를 놓고 전개된다는 사실이 그 어느 때보다 분명해졌다. 달러의 가치 상승은 추상적이거나 불가사의한 것이 아니라, 특정한 몸들을 상대로 벌이는 분쟁이다.

43 현직 대통령인 마우리시오 마크리가 선거에서 참패한 뒤, 페소 가치가 급락해 3일 만에 25%의 가치가 하락했다.

통화 전쟁은 글로벌 정치와 로컬 정치의 핵심 요소이다. 위안화와 달러 사이에서 지구적 패권 전쟁이 촉발된 것이 대표적이다. 아르헨티나에서는 은밀한 달러 공용화가 진행되고 있다. 2001년 12월 우리가 거리에서 간신히 물리친 것(당시 정부는 에콰도르처럼 공식적으로 경제를 달러화하겠다고 말했다)이 이제 공공 서비스 요금, 부동산 시장, 식료품 및 의약품의 달러화와 같은 다른 방법으로 확립되는 중이다. 인플레이션 위기와 생필품[민감 품목][44] 부족에 대한 불안 탓에 현재를 세기 전환기 혹은 1980년대 초인플레이션 상황과 비유하는 오류가 등장하기도 한다. 하지만 우리의 역사적 기억 속에서 통제 불가능한 물가 상승과 연관된 광범위한 약탈이 없었기 때문에 '마치' 그 위기가 완전히 터지지 않았거나 혹은 그것의 실제 영향을 측정하는 일이 불가능한 것처럼 느껴진다.

금융 테러는 성공적이다. 기본 물품을 구매하고 공과금 및 공공 서비스 비용을 지불하고자 더 많은 부채를 계속 재대출하는 과정에서 대규모 빈곤과 그 심리적 공포를 지속시키는, 아래로부터 금융으로 봉쇄하는 현상이 구축되고 있다.

통화의 폭력을 추상성의 영역에서 떼어내, 초점을 **금융에**

44 [옮긴이] 민감 품목(sensitive list)은 국가 간 무역 협정에서 특별하게 다루어지는 농산물, 가공품, 산업 제품 등을 말하며, 각국이 관세 인하나 시장 개방을 꺼리는 주요 상품을 가리킨다. 본문에서는 인플레이션에 민감하게 반응하는 필수재라는 의미가 적절한 것 같아 '생필품'으로 번역하였다.

서 몸으로 옮기는 것은 페미니즘 운동이 개발한 방법으로, 현재의 상황을 분석하는 데 필수적이다.

구체적인 사례를 들어보자. 중앙은행이 발행하는 유동성 어음인 렐리크LELIQ는 정치적 작전을 함축한다. 그것은 민간의 저축과 막대한 임금, 보조금, 연금으로 뒷받침된다. 은행은 노동자, 저축자, 사회권 수혜자의 돈을 이용해 투기하고 최소한의 지불[분할 납부]로 세계 최고 수준의 금리를 얻는다.[45] 그러므로 이 금융 도구는 그 안에 담긴 갈등을 봉합하고 지연시키고 은폐하는 시한폭탄으로 변모한다.

따라서 렐리크 문제는 단순히 '해체'해야 할 기술적인 문제로만 이해될 수 없으며, 저축자, 노동자, 복지 수혜자의 운명을 은행의 운명과 결부시킨 정치-금융 작전으로 보아야 한다. 이러한 [금융 주도로] 정치적 역량을 몰수하는 일이야말로 소위 시장의 테러리즘을 구성하는 요소이며, 이에 따라 은행을 구제하는 정당성이 만들어진다.

몇 년 동안 대중운동과 페미니스트 운동은 마크리의 경제 프로그램에 대한 강력한 거부 역량veto power을 구축했고, 이는 선거 결과로도 드러났다. 하지만 금융 갈취와 빈곤을 사

45 Camila Blanco, Pedro Biscay, and Alejandra Freire, *Taller N°1 de Endeudamiento Popular: Notas para la difusión de derechos de usuarios y usuarias financieros* (Buenos Aires: Ediciones del Jinete Insomne, 2018).

적인 방식으로 마주하게 하는 부채는 다시금 이러한 거부 역량을 강탈하고, 매우 폭력적이고 신속한 통화가치 절하 방법으로 규율을 강화하려고 한다. 이는 또한 새로운 정부를 누가 구성하는지와 관련한 제도권 내 논쟁으로 이어졌다.

공공 부채와 민간 부채를 수탈과 빈곤화의 수단으로 장려한 정부가 선거에서 대패했다는 사실은, 정부가 '시장의 결정'으로 포장한 것에 어떻게 싸움을 걸지, 모세혈관처럼 일상 곳곳에 침투하여 공포로 작동하는 금융에 어떻게 맞설지 질문하도록 한다.

금융에 맞서려면 투기와 기다림의 언어로는 충분하지 않다. 그것이 바로 금융의 언어이기 때문이다. 오늘날 우리는 문제를 기술적 전문 지식이나 미래의 협상으로 떠넘김에 따라, 금융에 위기를 '생산'할 수 있는 독점적 권한을 부여하고 이를 갈취와 협박의 정치적 메커니즘으로 사용하는 것을 목격한다. 금융의 글로벌한 차원 탓에 이러한 논의를 국가 주권 차원으로 축소하는 것 또한 불가능하다. 이러한 지정학에 맞서, 거리의 힘과 그것을 선거의 명령으로 전환하는 역량은 중요하다. 우리는 동시에 ([시장 표준 금리와는] 다른 이자율과 같이) 고리대금이 아닌 대출 시스템, (대안 금융의 방안과 기존 부채 탕감과 같은) 가계부채 구제 방식, 인플레이션의 피해를 줄이는 (지역 내 경제 활동 순환 체계local circuits와 실물 기준material referenciality을 갖춘) 대안 화폐 등을 논의하고 도입해야 한다.

우리는 지금 여기에서 벌어지는 탈취, 약탈, 금융 폭력을 고발하고 맞서 싸워야 한다.

자발적인 채무 중지

2019년 12월 출범한 알베르토 페르난데스Alberto Fernández 신정부의 특징과 관련해 두 가지 쟁점이 있었다. 첫 번째 쟁점은 [쟁점의] 논의에서 나타난 페미니즘의 영향이고, 둘째는 일반적으로 '상환 불가'로 여겨지는 외채의 '재협상'에 관한 논의였다. 우리는 (거대한 '녹색 물결' 페미니스트 운동의 요구인) 자발적인 임신 중지와 부채 문제를 연결해서 '자발적인 부채 중지'라는 슬로건을 제안한다. 이는 부채 탕감과 함께 가사노동의 가치를 인정하면서 우리 스스로가 **이미** 공짜로 창출한 부의 '채권자'가 되는 정책이 필요하다는 아이디어를 함축하는 표현이다. 이제는 [가사노동의 가치를] 재전유할 시점, 즉 부채의 합법적 중단이 필요한 시점이다.

오늘날 부채는 사회적 재생산 능력을 직접 착취하기 때문에 민감하고 정치적으로 신중한 접근이 필요한 영역으로 집중되고 있다. 예컨대 가계부채와 식량 가격 모두 최근 몇 년간의 인플레이션 속도를 따라 통제 불가능할 정도로 상승했다.

새 정부는 가장 우선적 긴급조치로 '굶주림에 대항하는 아르헨티나Argentina against Hunger'라는 프로그램을 시작했다.

아르헨티나는 세계 4위 콩 생산국이지만 아르헨티나 아동의 48%가 빈곤에 시달리고 있다는 점에 주목해야 한다.

이 프로그램의 목표는 2백만 명에게 식품 카드를 배포하는 것이다. 이 조치를 담당한 사회개발부 장관 다니엘 아로요Daniel Arroyo는 프로그램이 현금 분배 방식 대신 식품 카드 시스템으로 시행되는 이유를 설명하기 위해 간단한 경험적 사실을 제시했다. 한 가족이 현금을 받게 된다면 이 돈은 곧장 (공식 혹은 비공식) 부채 상환에 사용된다는 것이다. 가정이 전적으로 부채에 시달리고 있기 때문이다. 이에 결론은 명백하다. 오늘날 식량 접근성을 보장하는 능력은 가계부채에 따라 결정되며, 이러한 가계부채가 퇴직금부터 특히 보편적 아동수당과 같은 정부 보조금까지, 정규 임금부터 비정기적 일자리에서의 간헐적인 수입까지, 모든 종류의 수입에 말 그대로 기생충처럼 작동하고 있다.

이처럼 부채와 식량 사이의 연관성은 매우 중요하다. 이는 불안정성의 파괴적 영향을 극단으로 몰아가기 때문이다. 일단 먹기 위해 빚을 지는 것이 첫 번째이고, 이 사슬의 반대편 끝에선 대중경제에서 식량을 생산하려고 빚에 허덕이며, 마지막으로 슈퍼마켓의 독점적 병목 현상을 초래하기 때문이다. 그렇게 우리는 우리 영토의 금융 식민지화라는 문제가 외채의 유산보다 훨씬 광범위하다는 것을 알 수 있다. 물론 외채와 직접적으로 연관되어 있지만 말이다. 대외 부채는 모세혈관 시스템처럼 가계부채로 이어지면서 흘러넘치고, 구매력 상실과 공공서비스 축소로 더욱 강화된다. 이는 폭발적인 조합으로, 말하자면 결국 부채만 눈덩이처럼 불어난다.

땅의 노동자인 소규모 농업 생산자들의 투쟁은 아르헨티나에서 굶주림 퇴치를 위한 공공정책의 설계 방식을 변화시켰다. 이들 덕분에 가족농업과 소농업, 그리고 생산자와 소비자를 직접 연결하는 시장 회로가 양질의 식량을 제공하는 방식에 포함되기 시작했다. 토지노동자조합Unión de Trabajadores de la Tierra의 로살리아 페예그리니Rosalía Pellegrini는 "우리는 이것을 베르두라소verdurazos를 통해 성취했다"라고 말한다. 베르두라소는 인플레이션으로 소작농과 소비자 모두의 삶이 지속 불가능하게 되자 이를 비판하며 엄청난 양의 채소를 광장에 내려놓고 무료로 나누어주는 정치적 행위를 가리킨다.

여기, 도전해야 할 전선이 명확히 드러난다. 한편에는 식품 카드가 있는데, 이것은 무료로 식량을 나누어주는 시위인 페리아소feriazos[46]를 제도화하고, 사회운동이 진단한 굶주림 문제를 인정하려는 움직임이다. 다른 한편에서는 대물림된 채무와 은행화 시스템이 있는데, 이는 초국적 슈퍼마켓 체인[거

46 [옮긴이] 베르두라소(verdurazos)와 페리아소(feriazos)는 긴밀하게 연결된 운동이지만 전자는 채소를 무료로 분배하는 채소 나눔 시위인 반면, 페리아소(feriazos)는 채소를 포함한 다른 식품들을 전통 장터에서 배포하는 정치적 행동이다.

대 자본과 글로벌 네트워크를 가진 기업]과 대중 시장popular market[지역 경제와 자급자족에 기반한 소규모 시장] 간에 비현실적인 등가성을 만들어낸다.

오늘날 가족농업의 생산 조건과 과잉 착취는 두 가지 구조적 문제를 시사한다. 토지에 접근하지 못해서 높은 임대료를 지급해야만 하는 한계와 캄페시나campesina(소농) 여성의 인정받지 못한 노동 문제가 그것이다. 세금 문제, 토지 소유권, 식량의 금융화, 인정받지 못하고 역사적으로 저평가된, 사실상 비용 절감 변수로 기능하는 수많은 여성화된 노동이라는 4중 매듭이 우리의 가능성을 좁히고 상황을 복잡하게 한다. 로살리아는 "우리는 우리 자신을 착취해 식량을 보조받고 있으며, 의존적인 생산 모델에서 경쟁하려고 빚을 진다"라고 덧붙인다.

굶주림과 젠더 명령

식품 카드 도입을 발표하는 공개 선언에는 또 다른 측면이 있다. 어머니와 아버지를 대상으로 카드를 지급할지라도 아이를 먹여 살리는 일에 대해서는 어머니의 책임을 집요하게 물고 늘어진다. 과도하게 착취당하는 어머니들에게 책임을 지우는 것은 사회 부조에서 가부장적 능력주의[47]의 형태를 재확립할 위

47 [옮긴이] 여기에서 가부장적 능력주의(patriarchal meritocracy)는 사회적, 경

험이 있다. 반면에 페미니즘 관점은 극단적 위기 상황에서 사회 정책이 젠더 명령을 자연화하는 데 사용되어서는 안 된다고 요구한다.

마우리시오 마크리 정부 시절, 공공 서비스 축소, 요금 및 식료품의 달러화로 사회적 재생산 '비용'이 가족에게 전가되었다. 이제는 식량과 돌봄의 책임을 더는 가족의 몫으로만 두지 않도록 공공 서비스를 재구축해야 할 것이다. 페미니즘 운동은 가족이 이성애-가부장적 규범으로 축소될 때 나타나는 폭력적인 한계를 보여주었고, 사회관계와 제도적 중재를 만들어낼 능력이 있는 공동체주의 네트워크를 중요하게 여겼다. "식품 카드는 우리 동지들의 극심한 필요에 대응하는 중요한 조치이지만 이것이 민중의 솥단지가 수행한 것과 같은, 각 지역 무료 급식소의 식량 배급을 대체할 수는 없다. 우리는 이러한 공동체 노동이 인정받길 원한다"라고 소외 노동자 운동Movement of Excluded Workers과 대중경제 노동자 연합Union of Popular Economy Workers(UTEP)의 재키 플로레스Jackie Flores는 말한다.

제적 보상이 성취나 능력에 따라 분배되는 것처럼 보이지만, 실제로는 가부장적 구조와 가치관에 의해 편향된 기준이 적용되는 상황을 지칭한다.

돌봄 부채

지난 몇 년 동안 (돌봄 노동을 포함하되 이에 국한되지 않는) 재생산 노동에 대한 인식이 점차 높아졌다. 가치를 생산하지만 정치적으로는 종속되고 일상생활의 그늘에 가려진 엄청난 양의 과업이 확인되고 매핑되었다. 페미니스트 운동은 이러한 노동이 정치적으로 생산적인 것임을 입증하면서, 그것이 무시되고, 무임이거나 저임으로 강제되는 상황에 도전했다.

싸움의 핵심은 노동을 자연화하고 생물학을 이용해 여성의 도덕적 의무를 만들어내려는 젠더 명령에서 돌봄을 분리하는 데 있다. 이것은 문화적인 싸움이 아니라, 엄밀히 정치적인 싸움이다. 예를 들어, 육아휴직이 아버지에게 주어졌을 때 그들이 이를 사용하기를 원치 않았다는 사실을 한 집회에서 노조 동지들이 공유한 적이 있다. 이는 인정과 권리가 효과를 발휘하려면 특정한 유형의 정치적 질서가 필요하다는 것을 보여준다.

여기에서 돌봄 노동의 임금 지급에 대한 역사적 논쟁이 등장한다. 그것은 돌봄 노동 임금의 중요성, 측정 방법, 성별 노동 분업에 도전할 수 있는 역량에 대한 논의이다. 우리는 돌봄 노동에 대한 보수가 임금 사다리의 가장 낮은 단계에 머물러서는 안 된다는 중요한 과제에 직면해 있다. 그렇게 되면 과업 간 위계가 고착되어, 돌봄 노동 임금이 불안정 노동에 대한 해독제로 작용할 수 없을 것이다.

우리가 돌봄을 말하는 것은 현재 시점에서 불안정화가 일반적으로 어떻게 작동하는지 이해하는 데 도움이 된다. 오늘날 재생산 노동은 무료로 제공되고, 인정받지 못하고, 종속적이고, 간헐적인 동시에 끊임없이 지속되는 특성을 띠는데, 이 때문에 우리는 불안정화 과정을 가속화하는 요소들을 분석할 수 있다. 이를 통해 정동적 인프라affective infrastructure가 집중적으로 착취되는 동시에 가사 공간에서 노동 시간이 광범위하게 확장되는 형태를 이해할 수 있다. 이주 노동의 형태와 프리랜서 노동의 새로운 위계를 파악할 수도 있다. 더 나아가, [언제든 일할 준비가 되어 있는] 가용성availability과 중첩된 업무를 처리할 수 있는 능력이 육아에서 매일 사용되는 주요 주관적 자원일 뿐만 아니라 동시대 서비스 노동이 요구하는 필수 요건임을 조명해 준다.

물가에 연연하고, 수입을 조금이라도 더 늘리고자 매일 순응하고, 더 많은 일을 찾아내는 것은 이제 일상적인 장면이 되었고, 이처럼 불안정성이 심화됨에 따라 돌봄 논리에 더욱 압박이 가해진다. 아이를 데리고 다니는 우버 기사나 공공 어린이집에 자리가 없어 세 살에서 일곱 살 사이의 아이를 혼자 두고 봉제 작업을 하는 섬유 노동자도 더는 예외가 아니다.

페미니스트의 인플레이션 분석

인플레이션의 원인이 무엇인지에 대한 정치적 공방이 벌어지고 있다. 우리가 빠른 속도로 빚을 지게 하는 메커니즘인 인플레이션에 대해 여러 저자가 페미니즘적 분석을 정교화할 수 있도록 기여했다.

역사적으로 보수적인 주장은 인플레이션을 경제의 병폐나 도덕적 문제로 규정했으며, 이러한 주장이 화폐 발행에 초점을 맞춘 인플레이션에 대한 통화주의적 설명과 결합되었다. 다시 말해 인플레이션은 단순히 기술적이고 경제적인 설명에 그치는 것이 아니라 어떻게 살고, 소비하고, 노동할 것인가에 대한 기대와 직접적으로 연관되어 있다. 하버드대학의 저명한 사회학자 대니얼 벨Daniel Bell은 1970년대 미국 인플레이션의 주된 원인으로 가정 내 질서 붕괴를 지목하기도 했다. 1979년부터 1987년까지 미국 연방준비제도이사회 의장을 지낸 폴 볼커Paul Volcker 또한 마찬가지인데, 그는 노동 계급을 규율하는 것이 인플레이션에 맞서는 방법이라고 주장하면서, 인플레이션을 '도덕적 문제'로 쟁점화한 것으로 유명하다.

멀린다 쿠퍼는 신자유주의자와 보수주의자 모두 아프리카계 미국인 싱글맘을 지원하는 저예산 프로그램에 분개하는 이유를 분석하면서 핵심 단서를 제공한다. 보조금 수혜자들이 [사회가 기대하는] 도덕적 기대를 따르지 않았다는 점을 [신자유주의자와 보수주의자 모두가] 보조금으로 부각시켰기 때문이다. 이 아프리카계 미국인 싱글맘들은 포드주의적 가족 초상화에 걸맞지 않은 이미지를 만들어냈다. 즉 보수주의적 관점에서 보면, 원조를 받은 자들은 이성애 규범적인 동거 관계 밖에서 임신하겠다는 스스로의 결정에 대해 '보상'을 받은 존재이고, 인플레이션은 일할 의무 없이 삶을 누리려는 그들의 부풀려진 기대치가 **반영된** 것이 된다.

보수주의자들은 인플레이션이 노조 권력에서 비롯된 '과도한' 공공 지출과 임금 인상 때문이라는 고전적 신자유주의 담론을 끌어들이는 것에서 더 나아가, 인플레이션은 사람들이 욕망하는 것의 질적 변화를 나타낸다고 덧붙인다. 최근에는 이 두 가지 주장이 결정적으로 일치하고 있다.

우리의 맥락으로 돌아와서, 어떻게 하면 보수주의자들이 사회적 지출에 대해 제시하는 이미지를 해체하면서 인플레이션을 논의할 수 있을까? 물러나는 정부가 대중 부문 여성의 지출 가능성 때문에 그들에게는 도덕적 의무를 부과하고 판단하면서도, [정작] 국가 부채 10달러 중 9달러에 해당하는 자본 유출에 책임이 있는 국내외 경제 엘리트들에게는 면죄부를 주는 것과 유사하게 사회적 지출을 보수적으로 묘사하는 그런 이미지를 해체하는 방식 말이다.

만약 가족 계약[전통적 이성애 결혼 관계나 가부장적 가족 구조]을 거부하거나 그로부터 벗어나려는 태도를 드러내는 관계가 존재한다면, 실비아 페데리치가 주장하듯이, 채무자가 되는 것은 착취의 형태가 변화하는 것으로, 이는 또 다른 질문으로 이어진다. 임금 관계와 결혼 관계 밖에서 사람들은 어떻게 규율되고 처벌받는가? (연금 모라토리엄과 관련해 우리가 주장했듯이) 사회권의 징벌적 개혁은 임금 및 결혼 외부에서 가부장적인 능력주의를 창출하는 장치를 고안하고자 할 것이다.

어떻게 금융에 불복종할 것인가?

우리는 오늘날 논쟁의 대상이 되는 대중경제, 이주 경제, 가정경제, 불안정 경제에 관한 페미니스트 경제학에 관심을 두고 있다. 이는 다양하고 반체제적인 몸들에 기반해 노동 혹은 수탈로 간주되는 것에 대해, 또한 공동체주의적이고 여성화된 행동 양식에 대해 재정의하려는 시도이다. 이러한 페미니스트 경제학은 금융을 우리의 자율성에 대한 전쟁으로 간주하여 연구할 방향을 열어준다.[48] 우리는 이를 통해 불복종이 실제로 의미하는 바를 재정의하고, 나아가 신자유주의적 자본주의가 우리의 삶과 욕망의 형태를 전유하는 것의 한계를 설정하고자

48 Verónica Gago, "Is There a War 'On' the Body of Women? Finance, Territory, and Violence," trans. by Liz Mason-Deese, *Viewpoint Magazine*, www.viewpointmag.com/2018/03/07/war-body-women-finance-territoryviolence/(accessed August 28, 2020).

한다.

우리는 부채에 대응하는 페미니스트 행동이 궁극적으로 거부 행위를 함께 엮어내는 것이라고 말했다. 페미니스트 파업은 삶, 노동의 여성화, 금융 착취 사이의 연관성을 강조해 이 문제를 진지하게 다루었다. 다시 말해 금융에 맞서 어떻게 파업과 사보타주를 실행할 것인가? 불복종하며 '갚지 않기'라는, 불복종의 아카이브 역할을 하는 몇 가지 실천이 있다. 우리에게 영감을 주는 몇 가지 사례를 여기에서 언급하고자 한다.

1994년, 멕시코에서는 달러 대비 멕시코 페소 가치가 급격히 평가 절하되면서 인플레이션이 급증해 개인 대출과 달러화된 주택담보대출금 상환이 불가능해지자 채무자의 30%가 파산했다. 이때 '엘 바르손'El Barzón(황소의 멍에)으로 알려진 운동의 활동가들은 "나는 빚이 있고 그걸 부정하지 않지만, 타당한 것만 갚겠다"라는 슬로건을 내걸면서 부채 증가의 책임을 정부와 은행에 돌렸다.[49] 이 운동은 전국적으로 빠르게 확산되었고 정부가 채무자들을 원조하도록 압박했다.

사파티스타Zapatista 봉기와 최근 실행된 북미자유무역협정NAFTA의 열기가 한창일 때, 금융 시스템이 소규모 생산자들을 어떻게 착취하고 몰수했는지 고발하는 최초의 운동이 등장

49 George Caffentzis, "Reflections on the History of Debt Resistance: The Case of El Barzón." *South Atlantic Quarterly* 112 (4): 824-30.

했다. 이 운동은 채무자들의 불복종 물결을 일으켰고, 소농 경제와 가계경제가 얼마나 고통받고 있는지 알리면서 이들의 부채와 국가 부채의 압박 간 연관성을 지적하였다.

볼리비아의 우고 반세르Hugo Banzer 정부 시절인 2011년, 채무자 운동이 일어났다. 다이너마이트로 무장한 채무자들은 은행감독청, 주교회의, 행정감찰관 사무실을 점거했다. 오스카 기소니Oscar Guisoni는 이 사건을 다음과 같이 회상했다.

> 대부분의 채무자는 금융 NGO나 민간 은행에서 대출을 받은 가난한 시골 선주민들이었는데, 연 40% 이상의 이자율에다가 기이하게 높은 수수료, 연체 시 형사 고발 등 수십 가지의 추가 비용이 더해져 소액 대출금에 누적 이자가 120% 이상에 이르는 경우도 있었다.[50]

기자가 쓴 이 「부채 폭파 계획Plan to Dynamite Debt」의 주된 목표 중 하나는 모든 채무 기록을 소각하는 것이었다. 여성들은 채무자 여성 운동Movement of Indebted Women을 조직했고 은행의 고리대를 고발하는 데 중요한 리더십을 발휘했다.

이러한 '빈곤 비즈니스'에 대한 내용은 무헤레스 크레안도

50 Oscar Guisoni, "Plan para dinamitar la deuda,"(2012) *Página/12*, www.pagina12.com.ar/2001/01-07/01-07-03/pag21.htm (accessed August 28, 2020).

Mujeres Creando에서 출판된 그라시엘라 토로의 앞서 언급한 책에 자세히 설명되어 있다.[51] 특히 이 책은 라틴아메리카에서 근본적인 문제로 보이는 구조조정과 소액 대출의 유기적 관계, 고리대금업에서의 정부의 공모와 국제 협력의 역할, 부채와 '신자유주의의 추방자'인 이주민 사이의 연관성을 강조한다.[52]

스페인에서 부동산 열풍으로 촉발된 금융 거품이 붕괴된 이후인 2009년 2월, 주택담보대출 피해자 연대Platform for People Affected by Mortgages가 등장했다. 이 운동은 현재까지도 활발하게 진행되며, 부동산 투기와 은행이 정부 지원을 받아 주택담보대출로 이익을 얻는 방식을 지속적으로 규탄하고 있다. 이들은 퇴거를 막기 위한 집단적 실천과 직접 행동을 수행하면서 전국 곳곳에서 분산된 그룹으로 활동했다. 또한 이들은 조직이 이주민과 여성으로 구성된 점을 강조했다.

이 운동은 부동산 독과점이 탈취라는 방법으로 축적을 지속시키는 핵심 요소임을 확인해 주었다. 이들은 #우리는남는다#WeAreStaying, #우리는떠나지않는다#WeWillNotLeave 등의 해시태그를 통해 금융적 추진력이 만들어내는 감당할 수 없는 대출 때문에 일어난 부동산 투기와 임대료 상승을 고발한다.

51 Graciela Toro, *La pobreza: un gran negocio* (La Paz: Mujeres Creando).

52 María Galindo, "Las exiliadas del neoliberalismo"[비디오] (La Paz: Mujeres Creando, 2004).

이들은 금융 기관, 부동산 다중 소유주, 벌처 펀드vulture fund[53]와 같이 투자 펀드와 대규모 부동산 소유주를 '추방expulsions'의 직접 책임자로 언급한다.

2012년, 여러 활동가가 뉴욕증권거래소 앞에 모여 주코티 공원에 캠프를 차리면서 월스트리트 점거 운동이 시작되었다. 당시 "우리는 99%다"라는 슬로건이 등장했고, 이는 세계에서 가장 부유한 1%의 사람들에게 이익이 되는 부채에 다수가 예속되어 있음을 나타낸다. 그곳에서 부채 파업Strike Debt이라는 실천 그룹은 「채무 저항자의 작전 매뉴얼The Debt Resistors' Operation Manual」이라는 금융 불복종 매뉴얼을 제작하면서 파업의 개념을 '파업에 돌입하다go on strike'와 '맞서 싸우다strike against'라는 두 가지 의미로 다루었다. 그들은 또한 채무자 집회를 조직하여 학생 부채를 할인된 가격에 공동 구매해서 빚을 갚고 이들을 해방시키는 '롤링 주빌리Rolling Jubilee' 프로젝트를 개시했다.

부채를 소각하고, 악덕 대부업체를 폐쇄시키고, 갈취 메커니즘을 고발하고, 집단적 부채 탕감 전술을 실천하는 것은 금

53 [옮긴이] 벌처(vulture)는 (썩은 고기를 찾아다니는) 독수리, 남의 불행을 이용하는 자를 의미하는 단어로, 벌처 펀드는 위기에 처한 기업을 저가에 인수해 구조조정으로 회생시킨 후 비싸게 되팔아 차익을 내는 약탈적 펀드를 의미한다. 아르헨티나가 2001년 디폴트를 선언했을 때 미국계 벌처 펀드들이 채권을 헐값에 사들인 후 고수익을 거두고자 원금과 이자를 포함한 거액을 요구하며 법적 소송을 벌인 사례가 있다.

융의 협박 권력에 맞선 투쟁을 구성하는 주요 요소였다. 그들은 이러한 내용을 명확하게 표현했고 이를 슬로건으로 만들었다.

> 세계의 금융 기득권에게 우리가 할 말은 단 하나입니다. 우리는 당신들에게 빚진 것이 없습니다. 하지만 우리는 우리의 친구, 가족, 공동체, 인류, 그리고 우리의 삶을 가능하게 만드는 자연 세계에 대해서는 모든 것을 빚지고 있습니다. 사기성 서브프라임 모기지 투기꾼들한테서 되찾은 모든 달러, 추심 기관에 건네지 않은 모든 달러는 우리가 사랑하고 존경하는 공동체에 되돌려줄 수 있는 우리 자신의 삶과 자유의 작은 조각입니다. 이것이 바로 부채 저항의 행위입니다. 무상 교육과 무상 의료 서비스를 위한 투쟁, 압류된 집의 사수, 임금 인상의 요구 및 상호 부조 제공 등 다양한 형태가 여기에 해당됩니다.[54]

다양한 투쟁을 '결합'하는 이 같은 방법은 매우 중요하다. 금융 불복종은 공적 서비스에 대한 투쟁이자 역사적으로 평가 절하되고 임금으로 보상받지 못한 노동을 인정하라는 투쟁이기도 하다.[55] 페미니스트 파업도 이와 같은 유형의 도식을 그린다.

54 Strike Debt Assembly, *The Debt Resistors Operations Manual* (New York: Common Notions. 2012), p. 2.

55 Silvia Federici, "From Commoning to Debt: Microcredit, Student Debt

우리는 부채 없이 살아남고 싶다!

2017년 6월 2일, 아르헨티나 중앙은행 앞에서 "우리는 부채 없이 살아남고 싶다!We Want Ourselves Alive and Debt Free!"라고 외치며 전단지를 나눠주고 동일 제목의 성명서를 읽었던 니우나메노스 집단의 행동을 통해, 우리는 개인 부채, 가계 부채, 가족 부채를 페미니즘 이슈로 공론화하며 토론의 장으로 끌어냈다. 우리는 (행동을 조직한 더 큰 집단의 이름이기도 한) '금융 불복종'이 무엇을 의미하는지 자문했다. 그런 방식으로 우리는 일상생활, 가정 및 다양한 영역에서의 폭력과 현재의 노동 착취 방식을 연관 지으면서 금융의 추상적 역동을 문제 삼기 시작했다.

이 행동은 여러 반향을 불러일으켰다. 가장 흥미로운 것 중 하나는 2018년 6월 4일 열린 니우나메노스 행진에서 여러 노조가 이 슬로건을 자신의 요구에 활용한 것이었다. 이 행진에 앞서, 아르헨티나 역사상 가장 빠르게 공공 부채를 감축하는 과정이 진행 중이었는데, 결과는 IMF와의 협상, 인정사정없는 임금 평가절하, 13개 부처의 폐지 등을 포함한 공공 예산의 삭감으로 끝났다.

and the Disinvestment in Reproduction," talk given at Goldsmith University, November 12.

부채에 맞서는 우리

2019년 푸에르토리코에서 시작된 '전투적 페레오combative perreo'의 이미지가 전 세계로 퍼져나갔다. 이 이미지는 현재는 사임한 리카르도 로세요Ricardo Rossello 주지사의 여성 혐오, 동성애 혐오, 인종차별적 채팅 발언에 대한 반발로, 몸과 깃발을 리듬에 맞춰 흔들며 시위하는 모습을 담은 것이었다.[56] 하지만 단순히 다채로움이나 자유로운 모습 때문에 사진과 영상이 입소문을 타고 널리 퍼진 것만은 아니었다. 우리는 미국의 식민지 영토에서 페미니스트, 퀴어, 대중으로 구성된 집회를 목격하고 있다. 그곳에서 사람들은 경제 위기에 직면하여, 특히 2017년 허리케인 마리아가 남긴 비극적 사건 이후, 자치와 저항을 결합해 나가고 있다. (한 언론인 그룹이 또 다른 채팅 내용을 폭로한 것에서 드러났듯이) 공무원들한테 모욕의 표적이 된 조직 중 하나는, 우연찮게도 이 운동의 핵심 조직인 콜렉티바 페미니스타 엔 콘스트락시온Colectiva Feminista en

56 [옮긴이] 푸에르토리코인들이 허리케인 마리아의 피해를 복구하고자 고군분투하는 동안 푸에르토리코의 주지사 리카르도 로세요가 그의 보좌관, 공무원과 피해 규모를 숨기고 정치적 음모를 꾸미는 채팅을 주고받고 있었다는 사실이 드러났다. 그가 여성 혐오, 동성애 혐오, 인종차별적 언어를 사용하면서 언론인, 활동가, 정당 정치인들을 조롱한 텔레그램 채팅이 2019년 7월 13일 언론에 공개되자 푸에르토리코에는 로세요의 사퇴를 촉구하는 시위가 폭발적으로 일어났고, 8월 2일 그는 주지사직에서 사임한다고 밝혔다.

Construcción이었다.

이 단체는 몸을 사용해 결집의 밀도, 저항의 질감, 갈등을 제시하는 방식을 보여준다. 부채를 창조하고 삶을 불안정하게 만드는 식민국가의 폭력은 인종, 성별, 계급이 교차하는 위계를 해체해야만 정면으로 맞설 수 있다. 2019년, 콜렉티바 페미니스타 엔 콘스트락시온도 국제 페미니스트 파업의 열기 속에서 "3월 8일: 부채에 맞서는 우리"라는 구호를 전면에 내세웠다. 기록적인 수준의 부채뿐 아니라 기록적인 수준의 여성 살해의 나라에서 등장한 구호였다.

푸에르토리코의 정치적 지위를 기억하는 것이 중요한데, 푸에르토리코는 미국의 비합병 영토로, 이는 미국에 속해 있지만 미국의 일부는 아니라는 의미이다. 허리케인이 발생하기 1년 전인 2016년에 푸에르토리코의 부채 구조조정을 전담하는 '재정관리위원회'가 섬에 상륙했다. 이는 새로운 형태의 식민지 정부로, 한편으로는 합병된 영토에 대한 미국의 책임을 면제하면서 다른 한편으로 부채가 상환되도록 보장한다. 즉 채무 구조조정만이 유일한 선택지이고, 이를 위해 엘리트 집단이 직접 채무 조정을 설계하고 지역 정부를 감독한다. 푸에르토리코는 극단적 사례이긴 하지만, 라틴아메리카에서 '외채'가 훈육과 재식민지화의 메커니즘으로 작동하는 방식을 보여준다.

그러나 콜렉티바 페미니스타 엔 콘스트락시온은 주지사의 채팅이 공개되기 훨씬 전부터 거리 활동을 했으며, 이들은 단순한 분노 표출 이상의 메시지를 전달했다. 그들은 부채와 그것의 식민주의적 정치 형태가 흑인 여성, 빈민, LGBTQI 공동체의 삶과 자율성에 대한 열망을 착취하는 동시에 무시하는 방식에 기반하고 있음을 분명히 했다.

2018년 11월 25일, 콜렉티바 페미니스타 엔 콘스트락시온은 라포르탈레사 정부 청사 앞에서 시위를 벌이면서, 정부가 채권자들을 만족시키는 데에만 집중하고 젠더 기반 폭력이 증가하는 것에는 아무런 조치도 취하지 않는다고 주장했다. 그 며칠 전에는 '성차별주의 폭력에 반대하는 항의Plantón against Machista Violence'를 소집하기도 했다. 또한 2018년 3월 8일의 페미니스트 파업 기간 동안, 플라자 라스 아메리카스 쇼핑몰에서 '페미니스트 엠바고' 시위를 열어 국가가 직면한 주택 및 부채 위기에서 은행의 역할이 어떠했는지 비판했다. 이들은 산탄데르 은행Santander, 포퓰러 은행Banco Popular, 오리엔탈 은행Oriental Bank 그리고 퍼스트 은행First Bank 등을 비난하며 다양한 주택 압류와 홈리스 문제에 대한 은행의 책임을 가시화했다. 이에 더하여 허리케인 어마Irma와 마리아로 수백만 명이 집을 잃기 불과 1년 전에도 은행이 5,554가구를 내쫓는 데 일조했다고 강조했다.

로시오 잠브라나Rocío Zambrana가 푸에리토리코 부채를 논의하면서 주장하듯이, 이러한 부채를 '식민 부채'로 명확히 인식할 필요가 있다.[57] 그녀는 이 메커니즘이 어떻게 아이티에서 시작되었는지 지적한다. "역사상 유일하게 성공한 노예 혁명[58]은 부채로 무력화되었다. 오늘날 아이티 인구는 국가와 IMF와 같은 국제기구가 관리하는 자본의 이해관계에 종속되어 빈곤 속에 살아가고 있다." 잠브라나가 아리아드나 고드로오베르Ariadna Godreau-Aubert의 연구[59]를 인용하면서 주장하듯, 푸에르토리코에서 부채를 전복하려면 부채, 긴축, 식민주의 간 관계를 추적하고 되돌려야 한다. 고드로오베르는 또한 "빚진 여성들의 페다고지pedagogy"[60]를 드러내는 것이 필요하며, 부채에 시달리는 이들의 삶이야말로 식민 조건을 지속시키는 원동력이라고 말한다.

따라서 다국민적이고plurinationality[61] 반식민주의적이며 대

57 Rocio Zambrana, "Rendir cuentas, pasarle la cuenta," *Revista 80grados* (Puerto Rico, 2019).

58 [옮긴이] 아이티 혁명(Haitian Revolution, 1791-1804)은 역사상 유일하게 성공한 노예 혁명이다. 노예제 국가였던 프랑스령 생도맹그(Saint-Domingue)에서 노예들의 대규모 봉기가 시작되었으며, 혁명의 성공으로 노예제 폐지와 함께 아이티 독립국이 건설되었다. 하지만 이후 강대국들의 경제적 보복과 고립이 계속되었고, 특히 프랑스는 막대한 배상금을 요구하여 아이티에 장기적인 경제적 부담을 초래하였다.

59 Ariadna Godreau-Aubert, *Las propias: apuntes para una pedagogía de las endeudadas* (Cabo Rojo: Editorial Educacion Emergente, 2018).

60 [옮긴이] 페다고지(pedagogy)는 '교육학'으로 번역되기도 하는데, 이는 단순히 제도화된 교육을 뜻하는 게 아니라 여성들이 부채에 시달리는 삶에서 배우고 체득하게 되는 일체의 삶의 방식이나 규범을 포괄한다.

61 [옮긴이] 대표적으로 볼리비아는 라틴아메리카에서 선주민 비율이 가장 높은

중적인 페미니즘은 국가와 가계경제의 체계화된 부채에 특히 효과적으로 대응할 수 있다. 이러한 페미니즘은 부채가 일상생활에 미치는 영향을 구체적으로 보여준다. 그리고 이것은 금융기관에 대한 공개적 성토부터 토지 및 공적 서비스의 박탈, 주택 임대료의 인상, 불안정화 관리 방식이 누구에게 영향을 미치는지에 대한 상세한 분석에 이르기까지, 결집과 거리 행동을 통해 이를 드러낸다. 그러나 부채는 몸, 습관, 욕망의 훈육과 불가분의 관계가 있으며, 이에 맞서는 전투적 페레오와 부채 감사debt audit 활동은 공통의 프로그램을 형성한다.

"그들은 우리에게 삶을 빚졌다"

우리는 가부장적이고 인종주의적이며 식민주의적인 지정학이 점점 더 잔인하고 폭력적으로 전개되는 것을 목격하고 있다. 2019년 10월 에콰도르에서 시작되어 칠레와 콜롬비아로 이어진 파업과 집회는 영토 전역에 걸친 봉기로 이어졌고, 이는 글로벌 금융의 탈취 현장을 집약적으로 보여준다.

칠레에서 일어난 일을 살펴보면, 우리는 페미니스트 파업의 구호와 실천이 대규모의 다국민적 총파업에서도 작동하는

나라인데, 2009년 신헌법을 통해 자신을 '다국민 국가(plurinational state)'로 선언하며 다양한 선주민 집단의 정치적 권리를 보장했다.

모습을 볼 수 있다. 이는 투쟁의 결, 조직 형태, 정치적 방식, 역사적 동맹을 변화시킨 경험이 축적된 결과이다. 이러한 변화는 벽에 표현된 그래피티에서도 드러난다. 두 가지 예를 들어 보겠다. 첫째, 지역에서 1인당 부채가 가장 높은 시카고 보이즈Chicago Boys의 나라[62]에 있는 은행에 "그들은 우리에게 삶을 빚졌다"라고 적힌 그래피티는 누가 누구에게 빚졌는지를 반전시킨다. 그들은 일상생활의 비용 증가, 즉 사회적 재생산의 매 순간에서 가치를 추출하는 현상을 마주하면서 "대대적 회피Massive Evasion"라는 구호-실천과 함께 금융 불복종을 제안했다. 두 번째 그래피티의 사례는 "파시스트 돼지야, 네 딸은 페미니스트야Paco, fascista, tu hija es feminista"라는 구호로, 이는 우리 시대의 파시즘에 대응하는 가부장제의 구조적이고 미시적인 영역에서 보이는 심대한 불안정성을 지적한다. 특히 학생 부채와 민간 투자 펀드의 연금 민영화, 더 넓게는 삶의 형태로서의 부채라는 문제는 2020년 칠레에서 일어난 삶의 불안정화에 대항하는 페미니스트 총파업에서 핵심 쟁점이었다.

전선은 명확하다. 금융 세계화에 맞선 투쟁의 다국민성plurinationality이 바로 그것이다. 투쟁의 초국적 역동을 통해 신추출주의neo-extractivism가 영토를 재식민화하며 작동하

62 [옮긴이] 여기에서 시카고 보이즈의 나라는 칠레를 가리킨다. 칠레에서는 1970년대 시카고대학의 신자유주의 경제학 교육을 받은 일군의 경제학자들이 칠레 군사 독재 정권하에서 신자유주의적인 경제 개혁을 대대적으로 주도한 바 있다.

는 방식이 가시화되었으며, 역사적으로 무시되고 저임금을 받았던 노동의 새로운 형태의 착취를 논쟁의 대상으로 삼을 수 있게 되었다. 따라서 토착민 투쟁으로 추동된 다국민성이 오늘날의 만남, 연대, 시위의 기치로 떠오른 것은 우연이 아니다. 다국민성은 신자유주의적이고 보수주의적인 동맹에 대항하는 역동적인 투쟁의 구성을 가장 구체적으로 표현한 것이다. 아르헨티나에서 토착민 여성들이 #우리는다국민성을원한다#NosQueremosPlurinacional는 슬로건을 내걸고 전국여성모임[63]을 다국민화하려고 노력했다. 또한 #우리는다국민적이다#SomosPlurinacional를 외치는 다양한 조직과 집단, #이주는범죄가아니다#MigrarNoEsDelito 캠페인, 단한명의이주여성도잃을수없다NiUnaMigranteMenos 운동과 페미니스트 집회 및 사회운동의 역사 속에서 함께 한 다국민적 구성원 동지들이 주도하는 여러 캠페인이 있다. 이러한 다국민성은 또한 토착민 참가자들이 주도한 #파업은멈추지않는다#ElParoNoPara 운동과 2019년 에콰도르에서의 신자유주의 개혁의 파케타소paquetazo(긴급재정경제명령)에 맞선 여성들의 저항, 그리고 최근 다국민적 여성 의회와 페미니스트 단체의 활동에서도 표현

63 전국여성모임(the Encuentro Nacional de Mujeres)은 수만 명의 참가자들이 정기적으로 모이는 자율적 워크숍으로, 1986년부터 아르헨티나 각지에서 매년 열린다. 최근 몇 년 동안 선주민 운동은 여성, 레즈비언, 트라베스티, 트랜스, 논바이너리의 다국민적 조우, 인정과 포용을 강력하게 촉구했다.

되었다.

이것은 우리의 언어와 실천, 우리의 상상력, 우리의 신체를 탈식민화하는, 구체적 과업을 가진 투쟁의 축적된 결과이다. 그리고 무엇보다도, 이러한 다국민적 역동성을 다른 논쟁으로 확장하고 있다. 예컨대 노조 논쟁이 대표적이다. 칠레의 8M 코디네이터의 노동자와 조합원 협의회Comité de Trabajadores y Sindicalistas de la Coordinadora 8M de Chile의 여성 동지들은 '다국민적 돌봄 시스템'을 고민하고 있다. 구체적이고 초국적인 힘으로서의 다국민성은 또한 공통의 의제를 엮어낼 수 있는 관점이자 방법이다. 그것은 아비아 얄라[64] 전역에서 역동하는 페미니즘을 지탱하고 있는 신체-영토들을 포함한다.

부채에 맞서는 페미니스트 파업: 2020

우리는 초국적 페미니스트 운동이 페미니스트 파업의 일환으로 부채에 맞서 싸우는 것을 주요 투쟁의 가치로 삼은 방법을 보여주었다. 전 세계적으로 우리는 다음과 같이 말한다. "우리는 부채 없이 살아남고 싶다!"(아르헨티나), "우리가 부채에 맞선다!"(푸에르토리코), "그들은 우리에게 삶을 빚졌다!"(칠레),

64 [옮긴이] 아비야 얄라(Abya Yala)는 선주민 집단이 지칭하는 아메리카 대륙을 말한다.

"우리는 빚지지 않았고 갚지 않겠다!"(스페인) 이는 역사적인 장면이다. 페미니스트 운동이 금융 이슈를 대규모로 정치화하고 있다. 그리고 페미니스트 관점에서 부채를 분석함으로써 우리는 경제적 폭력을 성차별적 폭력과의 관계에서 재고할 수 있다. 페미니스트 파업은 IMF와 민간 채권자에게 진 부채와 그것이 가계 부채에 미치는 영향을 고발함으로써 다른 부채들을 계속 드러내고 가시화하면서 이를 되찾을 수 있도록 한다. 채권자와 투자 펀드는 자신들의 모든 투자금을 회수하려고 압박을 가하지만, 거리에서는 우리가 채권자라는 것이 명백해지고 있다.

이것은 어쩌다 이룬 성취가 아니다. 우리는 일터와 가정에서, 은행 앞에서 초국적 기업에 맞서며, 아무것도 빚지지 않았다는 사실을 보여주었고, 근본적인 전환이 일어났다. 우리는 부채가 자본주의의 역사적 메커니즘이라는 것을 알고 있다. 부채는 위기의 순간에 노동 착취를 증가시킬 뿐만 아니라 우리가 창조하고 재창조하는 공유 자원(커먼즈)을 약탈하고, 착취하고, 사유화하는 데 사용된다. 이 메커니즘에서 가장 잘 알려진 것은 공공 부채가 국가를 제약하는 방식이다. 이것은 라틴아메리카에서는 지속적으로 반복되는 현상이지만, 더 광범위하게는 글로벌 식민주의적 순환 형태로 나타나고 있다.

하지만 최근에 와서야 공공 부채가 일상생활에 미치는 영향과 연결되는 회로가 추적되고 있다. 이는 여성, 레즈비언, 트라베스티, 트랜스, 논바이너리가 노동시장에서 노동자로서, 가사노동자, 소비자, 그리고 이제는 채무자로서 동시에 과잉 착취되는 경험에 저항하고 이를 언어로 표현한 덕분에 가능했다.

부채, 폭력, 노동을 연결하는 작업 또한 페미니스트 파업으로 달성되었다. 아르헨티나에서 네 번째 국제 파업을 촉구하는 3월 8일과 9일 이틀 동안의 행사에서는 다양한 영역의 생산 및 재생산 파업과 동시에 부채에 대한 토론이 이루어졌다. 또한 "부채는 IMF나 교회가 아니라 우리에게 빚진 것이다"라는 주요 슬로건을 통해 국면에 대한 정확한 진단과 운동의 확장된 지평을 보여주었다. 빈민가와 노조에서, 거리에서, 대학에서 "우리는 부채에서 자유로워지길 바란다"라고 말하는 것은 금융과 신체를 연결하는 분석과 행동의 방법이다.

그러나 부채에 대한 논의는 단순히 부채를 이야기하는 것만을 의미하지 않는다. 부채는 공공 서비스 예산 삭감, 임금 감소, 가사노동의 인정, 그리고 임신 중지를 위해 빚을 져야 하는 상황까지 직결된다. 우리는 이미 다른 자원이 없기 때문에 빚을 진다. 우리가 극심한 빈곤에 처해 불안정한 상태에 빠졌을 때 오직 부채만이 '우리를 구하고자' 다가온다. 약탈과 탈취가 우선 이루어졌기 때문에 부채는 상환 불가능해진다.

페미니스트 관점에서 부채를 논의하면 오늘날 세상을 움직이는 원동력인 금융 자본의 글로벌한 흐름을 무엇이 부추기는지 명확히 알 수 있다. 연금 및 임금과 거대한 양의 무급 및 불안정 노동을 전유하는 데 혈안이 된 이들은 추출적 탈취를 추동하고 다국적 기업의 엄청난 수익을 가능하게 한다. 우리는 이것이 노동의 증가, 제도적, 인종차별적, 성차별적 형태의 폭력 증가와 직접적으로 연결되었음을 확인하고 이를 고발해 왔다.

페미니스트 파업으로 가시화된 금융 지리학의 구체적인 사례를 보자. 해외 법령에 따라 아르헨티나 부채를 가장 많이 보유한 블랙록BlackRock 투자 펀드는 멕시코 연금 펀드에 막대한 투자를 하고 있으며 정년퇴직 제도를 조정하도록 요구하기도 한다. 우리는 금융 투기와 정년 연장, 그리고 여성, 레즈비언, 트라베스티, 트랜스 노동이 인정되지 않는 것 간의 연관성을 조명해야 한다. 즉 투자 펀드의 이윤은 그러한 노동의 과잉 착취 기간을 연장함으로써 보장받는다는 것이다. 또한 추가적으로 (은퇴자들한테 더 오랜 기간 더 많이 납부하도록 해 거둬들인 돈인) 이 투자 펀드의 자산은 공기업을 매입하고 민영화하는 데 사용된다. 이러한 움직임으로 인해 노동자들은 더 오래 일해야 하며, 공공 서비스를 박탈당한다. 그 결과 그들의 소득은 다시금 저하되는데, 이전에는 공영이자 무료였던 서비스에 이제는 비용을 지불해야 하기 때문이다.

특정 신체와 영토에 대한 폭력을 통해 축적된 이러한 탈취의 역학관계는 2020년에 멕시코에서 페미니스트 파업이 이전에 비해 상대적으로 더 강력하게 발생한 이유를 설명하는 데 도움이 된다. 정부 기관에 따르면, 멕시코에서는 하루 평균 10건의 여성 살해가 발생한다. 3월 8일과 9일의 파업은 "여성 없는 하루", "9일에는 아무도 움직이지 않는다"와 같은 다양한 구호와 함께 퍼져나갔으며, 이는 여러 활동가가 설명한 것처럼 조직적으로 축적된 '분노의 표출'을 나타낸 것이다. 대륙에서 가장 가혹한 고용주에 맞서 투쟁하는 마킬라 공장[65]의 여성 노동자뿐 아니라 전국 각지의 사파티스타, 대학생, 예술가, 페미니스트 단체가 파업에 동참했다.

의심할 여지없이, 젠더 기반 폭력과 정치적, 경제적 폭력 사이의 연관성은 점점 더 커지고 있다. 프랑스의 '노란 조끼 Yellow Vest' 운동은 아르헨티나와 멕시코에 상륙하여 사회적 부를 노리는 투자 펀드가 에마뉘엘 마크롱 대통령이 주도해 근래에 많은 저항을 추동했던 연금개혁에 연루되어 있다고 고발하였다. 프랑스에서 40일이 넘도록 지속된 파업은 국립 오페라단 발레 무용수부터 철도 노동자에 이르기까지 많은 사람이 참여했으며, 임금과 연금에 대한 금융 수탈의 영향을 보여준 강렬한 장면이었다.

따라서 (국가 부채 재협상의 중요한 행위자인) 투자 펀드의 운영 방식은 방법론적 국가주의methodological nationalism[66]

65 [옮긴이] 마킬라(maquila)는 멕시코, 파라과이, 니카라과, 엘살바도르 등 라틴 아메리카 전역에서 다국적 기업이 운영하는 공장으로, 원재료를 조립, 가공하여 완제품을 수출하며, 대부분 면세 및 무관세로 운영된다.

66 [옮긴이] 사회과학 연구에서 방법론적 국가주의는 국가를 기본 분석 단위로 설

로는 설명할 수 없다. 한 국가의 연금기금을 활용해 재정이 필요한 다른 국가의 공공 부채를 매입하고, 이를 다시 주택담보대출 채권을 매입하거나 에너지 분야에 투자하는 데 사용할 수 있다. 이는 스페인 전역에서 금융 버블에 따른 퇴거에 반대하는 시위를 벌이고 있는 주택담보대출 피해자 모임PAH에서도 확인할 수 있다. 2018년, PAH는 주택 가격 인플레이션을 야기한 블랙록에 책임을 묻는 소송을 제기했다.

그때부터 이러한 고발은 페미니스트와 이주민 운동에서 중요한 부분이 되었고, 특히 '3.8 페미니스트 파업'과 '퇴거 반대 주거권 행동'의 연결을 가능하게 했다. 세입자 조합은 '퇴거를 멈춰라' 캠페인에 지각변동을 일으켰다. 예컨대 #지젤리는아무데도가지않는다#GiselliSeQueda#GiselliIsNotGoingAnywhere와 같이 투쟁에 이름과 얼굴을 부여하고, 가가호호 세입자를 방어하고 있다. 마드리드의 바예카스 지역의 PAH 활동가 로타 메리 프리티 텐후헨Lotta Merri Priti Tenhuhen은 "처음부터 페미니스트 실천은 PAH에서 핵심이었으며, 이 운동은 항상 주부, 노인 여성, 특히 남미 출신 이주 여성들로 구성되었다. 전통적인 부부 관계의 위기는 또한 주택 대출 불이행과 연결되어 있으며, 보통 여성들이 부채와 함께 집에 남게 된다"라고 말한다.

정하고 국가와 사회가 하나의 통합된 단위라는 가정에 따라 모든 사회적, 경제적, 정치적 현상을 국가 내 용인으로만 설명하려는 경향을 의미한다.

2020년 3월 8일 파업을 위해 PAH는 다음과 같은 공식 성명을 발표했다.

> 우리는 부동산 사기에 맞서는 사람들입니다. 우리는 폭력적인 임대료 지급을 거부합니다. 우리는 거리에 내몰리는 것을 거부합니다. 주거 투쟁은 페미니스트 투쟁입니다. 우리 중 많은 사람이 거리와 일터에서뿐 아니라 우리의 집 안에서 성차별적 폭력을 경험합니다. 다른 페미니스트 동지들을 주거 운동에 초대합니다. 퇴거를 막고, 집을 되찾고, 은행과 벌처 펀드에 맞서 싸우며, 권리를 요구하고, 상호부조를 통해 이를 실천에 옮기고, 삶이 중심에 놓이도록 함께 투쟁합시다.

우리는 페미니스트 파업을 통해 이른바 '투자 특수'를 악용하는 탈취와 수탈의 지리학을 추적할 수 있었다. 주거 투쟁, 임금 인정 투쟁, 연금 투쟁은 모두 동일한 금융 불복종 프로그램의 일환이다.

앞서 살펴보았듯이, 아르헨티나에서 퇴직 수당 역시 최근 페미니스트 운동의 중요한 쟁점이다. 노동조합과 페미니스트 간의 행동과 언어 협력은 매우 중요했다. "모든 여성은 노동자다"라는 구호 아래에서 노조-페미니스트 동맹은 노동 형태의 다양성을 문제화할 수 있었다. 지대와 노동, 연금과 대중경제, 성적 학대와 노동 폭력 고발 등의 문제를 결합한 사회적 노동조합주의social unionism 실천의 실험은 페미니즘 없이는 불가능했을 것이다. 여러 노조 본부에 "사랑이 아니라 무급 노동이다"라는 벽화가 그려진 것은 우연이 아니다. 무급 노동에 대한 위계적 인정이 전복됨으로써 부채 부담도 전복된다. 부채는 역사적으로 무상의 강제 노동으로 혜택을 누려온 국가, 기업주, 가부장에게 속해 있다.

빈곤의 여성화, 보편화된 탈취, 노동과 일상적 삶의 불안정성을 회피하고 고발하는 다양한 형태가 여러 질문을 엮어낼 수 있다. 또한 금융에 맞서 파업을 어떻게 수행할 것인지 묻는 것은 우리의 부채가 무엇으로 구성되었고 누가 우리 존재를 통제할 권리가 있다고 주장하는지 묻는 것이다.

여성 살해와 트라베스티 살해는 전 세계적으로 점점 더 폭력적인 탈취과 착취를 강요하는 자본의 지리학과 떼려야 뗄 수 없는 관계에 있다. 국제 페미니스트 파업에서 "부채는 우리에게 빚을 진 것"이라는 외침은 부채 부담을 **전복시키면서** 우리가 채권자임을 인식하게 하고 가정과 거리에서 부채에 대한 규명을 시작하도록 할 것이다.

[부록] 로자 룩셈부르크: 부채와 소비의 땅에서

이 책에서 우리는 부채를 탈취의 일반화된 메커니즘으로 분석해 보고자 했다. 최근 몇 년간 데이비드 하비의 "탈취에 의한 축적" 이론은 자본주의의 동시대적 형태를 논의하는 데 널리 사용되었다.[1] 하비에 따르면 오늘날 자본은 소위 "원시 축적 primitive accumulation"이라 불리는 순간에 사용된 방법을 재창조하여 자신의 가치 증식을 도모하기 위해 새로운 자원을 강제적으로 수탈하며, 포디즘 모델의 노동력 착취 방식을 대체하고 있다. 하비는 '신'제국주의를 설명하고자 자본의 팽창 역동에 관한 로자 룩셈부르크Rosa Luxemburg의 성찰을 핵심 참고문헌 중 하나로 사용한다. 룩셈부르크는 가치 증식의 한계를 넓히기 위한 다양한 '외부'의 필요성을 강조하는데, 특히 우리

1 David Harvey, *The New Imperialism* (Oxford: Oxford University Press, 2003): [국역본] 데이비드 하비, 『신제국주의』, 최병두 옮김(한울, 2005).

가 **금융적 추출주의**라는 해석적 실마리로 추출 문제를 금융으로 확장할 때 탈취와 추출주의의 현재 형태를 이해할 수 있는 핵심 요소를 제공한다.

(제국주의와 관련해서 레닌Vladimir Lenin도 강조했듯이) 금융화는 자본 축적의 논리가 내재적 모순으로 얽혀 확대된 것을 나타낸다. 룩셈부르크의 관점에서 금융화는 우선 잉여가치의 생산과 그것이 자본으로 전화轉化되는 과정 사이의 공간적이고 시간적인 간극에 관한 것이다. 그러나 이는 자본과 자본 '외부' 사이의 관계라는 선행 문제를 내포한다.

룩셈부르크는 『자본의 축적The Accumulation of Capital』(1913)에서 '자본가'와 '노동자'라는 형상 사이의 잉여가치 생산과 실현을 다룬 마르크스의 이상적인 이론적 도식을 설명하면서, 소비에 내재된 것으로 보이는 이들 형상을 복수화pluralization하기 위해 비공식적non-formal 방향으로 확장할 것을 제안한다.[2] "결정적인 사실은 바로 잉여가치가 자본가나 노동자에게 판매되어 실현되는 것이 아니라, 오직 비자본주의적 생산양식을 지닌 사회조직이나 계층에 판매될 때에만 실현된다는 점이다."[3] 그녀는 19세기의 3분의 2 기간 동안 영국 면직

2 Rosa Luxemburg, *The Accumulation of Capital, trans. by Agnes Schwarzchild* (New York: Routledge, 1951[1913]): [국역본] 로자 룩셈부르크, 『자본의 축적 1』, 『자본의 축적 2』, 황선길 옮김(지식을만드는지식, 2013).

3 David Harvey, 위의 책, p. 317.

물 산업에서 면직물을 인도, 미국, 아프리카에 공급하는 동시에 소작농 및 유럽 프티부르주아지에게도 제공했던 사례를 든다. 그녀는 다음과 같이 결론짓는다. **"따라서 영국 면직물 산업의 엄청난 확장은 비자본주의적 계층과 국가들의 소비에 기초했다."** (원문에서 강조 처리)

축적 과정의 바로 그 탄력성은 앞서 지적한 내재적 모순을 수반한다. 자본의 '혁명적' 효과는 사회적 축적 과정의 불연속을 신속히 해결할 수 있는 그러한 이동displacement을 거쳐 만들어진다. 룩셈부르크는 이와 같은 자본의 "마술적 기술"에 비자본주의의 필요성을 덧붙인다. "보다 원시적인 사회 조건이라는 전자본주의적 토양에서만 그러한 기적을 성취하는 데 필요한 우위를 만들어낼 수 있다."[4]

유럽의 자본이 그 전유의 폭력을 행사하기 위해서는 비유럽적 조건을 지지하는 보충적 정치권력이 필요하다. 즉 미국, 아시아, 아프리카라는 '식민지'에서 행사되는 권력 말이다. 룩셈부르크는 책에서 런던에 아마존 고무를 공급한 페루 아마존 회사Peruvian Amazon Co. Ltd.가 토착민들을 착취한 사례를 언급하며, 어떻게 자본이 "노예제에 가까운" 상황을 만들어내는지를 보여준다. "자본주의가 역사적으로 존재하기 위한 핵심 필수 요소"인 "국제 무역"은 "자본주의적 생산양식과 비자본주

4 위의 책, p. 324.

의적 생산양식 간의 교환"으로 등장한다.[5] 그러나 (잉여자본과 고정자본뿐만 아니라) 가변자본, 다시 말해 살아 있는 노동의 관점에서 축적 과정을 고려할 때 무엇이 드러나는가?

룩셈부르크에 따르면, 노동력 착취를 증가시킬 때 부딪치는 '자연적', '사회적' 한계는 축적을 위해 고용 노동자 수를 증가시켜야 한다는 것을 의미한다. 마르크스가 자본주의적 생산은 "노동계급을 임금에 의존하는 계급으로 만드는 데 주력해 왔다"라고 언급한 부분은 '노동계급의 자연 증식'에 대한 질문으로 이어진다. 이러한 증식은 자본의 리듬과 운동을 따르지 않는다. 그러나 룩셈부르크는 "이 노동자 집단은 자본이 지배하는 곳 외부의 사회적 비축지에서 모집되며, 이들은 오직 필요할 때만 임금 프롤레타리아로 인입된다. 비자본주의적 집단과 국가가 존재해야만 자본주의적 생산을 위한 추가적 노동력 공급을 보장할 수 있다"라고 주장한다.[6]

룩셈부르크는 인종 문제를 덧붙인다. 자본은 "모든 영토와 지역"에 접근해야 하므로 "백인종의 노동자만으로는 작동할 수 없다." 즉, "자본은 지구상의 모든 생산력을 잉여가치 생산체계가 부여하는 한계까지 활용하기 위해 제약 없이 전 세계 노동력을 동원할 수 있어야 한다."[7] 핵심은 비백인 노동자들이 "자

5 위의 책, p. 325.
6 위의 책, p. 327.
7 위의 책, p. 328.

본의 현역군active army에 편입되기 위해서는 우선 '해방되어야' 한다는 점이다." 이런 관점에서 노동력의 모집은 프롤레타리아트가 '자유로운' 주체로 이해되는 **해방적** 방향을 따른다(룩셈부르크는 남아프리카 다이아몬드 광산을 사례로 든다).

따라서 '식민지의 노동 문제'는 임금에서부터 임금 이외 덜 '완전한' 형태의 계약까지 아우르는 노동 상황이 혼합된 것이다. 그러나 우리가 관심을 갖는 것은 룩셈부르크가 자본주의 확장의 핵심 요소로 비자본주의적 요소가 자본주의 내부에서 '동시(대)적으로 존재함'을 강조하는 방식이다. 이것은 정치지리학의 개념일 뿐만 아니라 무엇보다 사회경제의 개념으로, 그녀가 강조하는 내외부 시장 문제를 재평가하는 출발점이다. 동시에 잉여가치가 자본으로 전환되는 현상은 전 지구적 의존 구조를 띤 이 지도상에서 "어느 때보다 급박하고 불안정하게" 드러난다.[8]

그러나 좀 더 나아가보자. 룩셈부르크에 따르면 자본은 강제로 생산 수단을 전유하고 또한 노동자들을 자본주의적 착취의 대상이 되도록 강제할 수 있다. 하지만 자본이 폭력으로 할 수 없는 것은 "노동자들이 상품을 구입하도록 강제하는 것"이다. 즉, "잉여가치를 실현하도록" 강제할 수는 없다.[9] 다시

8 위의 책, p. 333.

9 위의 책, p. 353.

말해서, 자본은 노동자가 소비자가 되도록 강제할 수는 없다.

여기서 그녀의 논리에 한 가지 요소를 덧붙여서 현재의 형세로 확장해 보자. 이 세상의 광범위한 영역에서 소비자가 되는 방법은 대규모의 부채를 통해서이다. 이는 상품이 실현되는 데 필요한 '의무'를 생산하는 특정한 방식으로, 상품 실현 과정에 근본적인 **금융** 폭력을 끌어들인다. 그러나 현재 시점에서 새로운 점은 현대의 채무 구조가 수익성을 달성하는 데 임금 노동자를 필요로 하지 않는다는 것이다.

국제 신용, 사회 기반시설, 상품 배치 사이에는 근본적인 연결이 있다. 룩셈부르크는 여러 구절에서 이를 구체적으로 분석한다. 그녀는 모든 "자연경제의 형태"에 반대하는 투쟁과 특히 소작농 경제의 자급자족을 종결시키는 토지 탈취를 다루면서 미국 농부의 주택담보대출 부채와 남아프리카에서 흑인과 토착 인구에 대해 시행한 네덜란드, 영국의 제국주의적 정책을 정치적 폭력, 세금 압박, 싸구려 상품 도입의 구체적인 유형으로 강조한다.

부채는 잉여가치의 실현과 자본화 사이의 시간적이고 공간적인 격차의 문제, 그러므로 **식민지** 확장의 필요성에 초점을 맞추는 장치이다. 룩셈부르크는 영국과 아르헨티나 공화국 사이 관계에서 부채가 이와 같이 작동하는 방식을 설명하는 데 몇몇 개의 상징적인 단락을 할애한다. 이 국가들 간 관계에서 대출, 영국의 제조품 수출, 철도 건설이 불과 15년 만에 천

문학적인 수치에 도달했다. 남미 국가들, 남아프리카 식민지들, 그리고 터키와 그리스 같은 기타 "이국적인 국가들"은 같은 방식으로 파산하여 멈춘 뒤 회생하는 주기 속에 자본 흐름을 끌어들였다. "영국 또는 독일에서 자본화되지 못하고 비활성 상태로 남아 있던 잉여가치는 거꾸로 아르헨티나, 호주, 케이프 혹은 메소포타미아에서 철도, 수력 공사, 광산 등으로 실현되었다."[10] 잉여가치가 자본화될 수 있는 장소, 시기와 관련된 (시공간적) 탈구dislocation는 축적을 추상화 기계machine of abstraction처럼 기능하도록 허용하지만, 그것은 여러 번 다시 균질화를 시도하는 구체적인 상황에 달려 있다. "철도 건설을 위해 아르헨티나로 흘러간 영국 자본은 중국에 유입된 인도 아편이 될 수 있다."[11]

하지만 해외에서는 "새로운 수요"를 만들어내거나 "폭력적으로 창조해야" 한다. 룩셈부르크에 따르면, 이동되는 것은 상품의 "향유enjoyment"이다. 그러나 이 **향유**가 발생하기 위한 조건은 어떻게 생산되는가? "상품의 '향유'는 새로운 소비자에 의해 실현되고 그 값이 지불되어야만 한다. 그러므로 새로운 소비자는 돈이 있어야 한다."[12] 오늘날 채무의 대중화는 그러한 향유의 생산을 완성한다. 이 향유는 **외부**를 생산하는 욕망의

10 위의 책, p. 394.

11 위의 책, p. 395.

12 위의 책, p. 394.

번역어이다. 물론 그것은 엄격히 문자적인 외부나 영토적인 외부는 아니다.

룩셈부르크는 제국주의적 팽창을 통해 전유될 비자본주의적 세계의 종말이라는 파국적인 순간에 대한 위기를 예고한다. 작금의 이러한 [제국주의적 팽창의] 한계가 항구적으로 이동되는 (또한 위기가 지속적으로 관리되는) 과정의 표면 아래에는 우리가 주목해야 할 무언가가 있다. 그것은 바로 비자본주의적 세계(욕망의 시공간)의 창출이다. 자본은 점점 더 탐욕스럽고 빠르게 그리고 강렬하게 이 세계로 쇄도한다. 동시에 우리는 어떤 종류의 추출 활동이 현재 국가의 경계를 넘어 **제국주의적** 문제를 다시 선보이는지도 감지해야 한다.

룩셈부르크의 단서는 오늘날 페미니스트 운동과 관점을 바탕으로 경제에 대한 정치적 비판을 구축하려는 우리의 프로젝트를 조명해 준다.

간략한 연대기의 몇 가지 이정표

2016년 11월: 아르헨티나 중앙은행은 "미성년자의 일상적인 경제 활동을 활성화하고, 청년을 위한 금융 교육을 고무하며, 전자 지불 수단을 사용하게 해 은행화를 촉진하도록" 미성년자 저축 계좌와 신용카드 발행을 공인했다.

2017년 3월: 부에노스아이레스 은행Banco Ciudad de Buenos Aires과 남부 부에노스아이레스 공사Corporación Buenos Aires Sur[1]로 구성된 시우다드 마이크로엠프레사스Ciudad Microempresas 회사는 수페르비엘레 은행Banco Supervielle으로부터 코르디알 소액 금융Cordial Microfinanzas을 4650만 달러에 인수했다. 이 회사는 1억 9천 2백만 달러의 대출 포트폴리오를 가지고 있으며 (모두 저소득 지역 또는 부에노스아이레

1 [옮긴이] 시 정부의 남부 지역 통합 개발 추진 기관

스 교외의 마을인) 플로레스Flores, 비야 셀리나Villa Celina, 라페레Laferre, 올모스Olmos, (대륙에서 가장 큰 비공식 시장인) 라 살라다 시장La Salada market 총 5개의 지점을 운영한다.

2017년 7월: 국가 행정부는 필수 및 긴급 법령에 따라 퇴직자, 연금 수급자 및 보편적 아동수당 보조금 수혜자에 대해 연간 약 24%의 이자율로 개인 신용 한도를 시행했다.

2018년 8월: G20의 여성 '유연 단체affinity group'인 W20 회의의 가장 중요한 주제 중 하나는 빈곤한 여성의 금융 포섭을 촉진하는 것이었다. 이는 '금융 격차'—즉, 금융 시스템에 포함된 남성과 여성 수의 차이—가 여성의 높은 빈곤율 원인 중 하나라는 진단에 기반한 것이었다. 네덜란드의 막시마 여왕은 개발을 위한 포용적 금융 조달 문제에 관한 UN 대표이자 "빈곤 퇴치를 위한 특별한 혜택으로서 여성을 위한 소액 대출microcredit 확대를 촉진하는" G20의 글로벌 금융 포용 연맹의 명예 회장으로서 그 전시회에 참여했다.

2018년 11월 28일: 중앙은행BCRA은 금융 활동에 대한 새로운 보완 서비스로 '은행 대리인banking correspondents'을 도입하는 A6603호 결의를 승인했다. 이는 해당 기관들이 은행과의 계약에 따라 업체, 주유소, 슈퍼마켓, 약국 또는 개인에게 고객 응대를 위임할 수 있고, 이 대리인들이 다양한 은행 업무를 수행하는 것이 허용된다는 것을 의미한다.

2018년 12월 26일: 중앙은행BCRA은 'A'6619 통신을 통해 환전소들이 의심스러운 거래 보고서Reports of Suspicious Operations를 제출해야 할 의무를 완화했다. 이 조치는 외환 시장에서 돈세탁을 할 수 있는 자유이용권이나 마찬가지이다.

국립통계조사기구National Institute of Statistics and Census(INDEC)에 따르면, **아르헨티나의 외채는 1년 동안 566억 6,500만 달러로 증가했고** 2018년의 2분기에는 2,614억 8,300만 달러에 도달했다. 공적 부채 데이터의 용이한 이용 가능성은 민간 부채에 대한 통계를 찾기 어려운 것과 극명한 대조를 이룬다.

인터뷰

여기에 모아 놓은 인터뷰들에서 다양한 유형의 활동 조직에 속한 동지들은 부채와 싸우는 구체적인 전술과 부채를 거부하는 일상에 관해 이야기한다. 한편으로 그들은 사회조직에 등장한 대안적인 대출과 금융의 형태를 논한다. 이를 통해 상환기한을 맞추기 어려울 때에도 높은 이자율과 강압적인 추심 없이 사람들의 경제적 프로젝트를 지원할 수 있다. 인터뷰 대상자들의 말처럼, 현재 이러한 금융 인프라는 다른 신용 제공자를 대체할 만한 규모나 범위를 갖추고 있지 않지만, 이를 튼튼하게 하려는 노력은 계속되고 있다.

다른 한편, 아르헨티나에 거주하는 볼리비아 이주자들은 부채를 완화하기 위한 한 형태로 (빈민가와 대중 상업 네트워크를 자체적으로 구축하는 기반이 되어온) 파사나쿠pasanaku라고 불리는 공동체 저축 제도를 다시 활용한다. 게임game과 신뢰를 결합한 이 제도를 통해 그들은 채무자 여성을 '구제하기' 위해 돈을 모으고, 차례대로 자금을 수령한다.

[구금되어] 자유를 박탈당했거나, 과도기 상황에 있거나, 최근에 출소한 여성들의 경험에서 집단적 조직화는 감옥 내부에서 외부로 이어지는 연속적인 복잡한 부채 시스템에 맞서기 위한 첫 번째 수단으로 등장한다. 유사한 맥락에서, 마나우스Manaus[1]의 여성들은 자신들이 겪은 '신용사기scam'에 대해 함께 이야기하기 시작함으로써 일상의 어려움을 공유하고, 그들을 빚지게 만든 기관을 '점거한다.' 그렇게 이야기하고 점거하면서, 그들은 불투명하게 감춰진 부채의 회로를 '풀어낸다.'

— ◦ — ◦ —

"부채는 건강에 영향을 미치고, 더 많은 돈을 벌기 위해 여가 시간에 하던 활동을 그만두게 합니다."

루나고Lunago[2] 인근에서는 매주 여성, 레즈비언, 트라베스티, 트랜스의 대규모 집회가 열린다. 그들은 풀뿌리조직연맹Federación de

1 [옮긴이] 브라질의 도시.

2 [옮긴이] 부에노스아이레스 남부에 위치한 아르헨티나의 도시.

Organizaciones de Base(FOB)의 구성원이자 여성에 대한 폭력에 반대하는 전국 캠페인National Campaign against Violence against Women의 일원이다. FOB는 2006년에 결성된 아나키스트 성향의 사회운동 세력으로, 전국 지역 정치조직들의 연합체이다. 이들은 피케테로piquetero, 즉 실직 노동자 운동에 속하며, 직접 민주주의, 자주 관리, 계급 독립, 연방제, 페미니즘을 원칙으로 삼는다. 집회 구성원의 다수는 이주민과 협동조합 노동자들이며, 이들은 지역 인근을 청소하거나 조직의 인쇄소에서 일한다. 우리는 이 집회에서 몇 명의 여성과 이야기를 나누었다. 그들은 인플레이션과 긴축 조치 탓에 어떻게 빚을 져야만 했고 그 뒤 더 악화된 조건의 직업을 수용해야 했는지 말해주었다. 그러나 그들은 동시에 빚에서 벗어날 수 있게 해준 대안적인 금융 자원도 이야기했다. 우리의 대화는 11월 26일로 계획된 여성, 레즈비언, 트랜스, 트라베스티에 대한 폭력에 반대하는 국제 행동의 날 집회를 준비하는 동안 이루어졌다. 부채는 경제적 폭력의 한 형태이자 우리가 스스로를 조직화하여 맞서는 폭력의 그물망 일부로 논해졌다.

—우리는 협동조합 구성원으로서 거리를 청소하는 일을 합니다. 저는 가정집 청소도 해요. 하지만 요새 모든 것이 너무 비싸기 때문에 이것만으로는 충분하지 않습니다. 예전에는 지금보다 적게 일하고도 어떻게든 버틸 수 있었어요.

어떤 종류의 빚을 진 적이 있나요?

—지금은 아니에요. 너무 큰 부담이라서 빚을 지고 싶지 않아요. 지금 우리는 집 문제로 고민 중이에요. 제가 사는 동네가 재개발 중이라 떠나야 할지, 남아도 될지 도통 알 수가 없어서요. 여기에 또 빚을 진다면, 이 모든 걸 어떻게 갚겠어요?

—리베이로Ribeiro(가전제품 매장)에서 빚을 졌는데 갚지 못하거나 할부가 밀리면 엄청난 이자를 물어요. 제 삼촌은 리베이로에서 텔레비전을 사는데, 원금의 두 배, 세 배를 갚았어요. 텔레비전 세 대를 산 셈이죠.

삼촌이 할부금을 제때 상환하지 못했기 때문인가요?

—네, 이자율이 엄청 높았어요.

—저는 여기 협동조합의 인쇄 부서에서 일하고 있어요. 아직 다른 데에서는 일하지 않아요. 예전에는 일을 더 많이 했었지만, 이제는 다른 일자리를 찾기도 어렵고, 게다가 실 값도 비싸서 그만뒀어요. 예전에 섬유 쪽에서 일했고, 코펠Coppel(백화점)에서 할부를 받은 적이 있어요.

코펠이요?

—네, 코펠에서요. 거기에서 1,500페소짜리 신발을 샀는데, 할

부금을 제때 내지 못해 빚은 세 배로 늘었어요. 신발 세 켤레를 사는 셈이었죠. 그래서 이제는 어디에서도 대출을 받지 않아요. 리베이로에서도, 코펠에서도요. 카드가 있어서 할부는 가능하지만, 사실 지금 제 생활이 너무 힘들어서 대출을 받지 않아요. 가난이 극심해 일해서 버는 돈으로는 충분하지가 않습니다. 이제 협동주택연구소에서 우리 집을 방문할 텐데, 제가 지원을 받을 수 있을지 모르겠어요. 못 받을 것 같아요. 그래서 잠깐 멈춰 있어요. 어쨌든 집을 짓기 위한 대출을 제안받은 상황이에요.

누가 제안했나요?

—주택 사무소인지 어디인지 확실하지 않지만, 그들이 제안했어요. 저는 집 짓는 일이 급하지 않아서 거절했어요. 천천히 하려고요. '빚이 있으니, 갚아야 한다'는 압박을 받고 싶지 않아서 대출은 받지 않았어요.

생활비로 필요한 돈은 어떻게 마련하고 있나요?

—잘 모르겠어요, 그냥 어떻게든 버티고 있어요. 저는 자녀도 없어요. 많은 사람이 굶주리고 있지요. 어떤 단체에도 속하지 않은 고령 여성들이 있는데, 요즘은 영주권을 받기도 무척 어려워요. 1만 페소를 내야 하거든요. 그래서 이 고령의 여성들은 조직에 가입할 수도 없어요. 음식 지원은 받을 수 있지만

조직에 가입할 수는 없어요.

빚을 진 친구들이 있나요?

—네, 사실 동료 한 명이 그렇게 빚을 졌고, 갚아야 했어요.

—그이는 오디오를 샀던 거로 기억해요. 그걸 다 갚지 못해서 빚을 갚기 위해 파사나쿠 전부를 내놓아야 했어요. 파사나쿠는 동지들과 하는 일종의 저축이에요. 대출과 비슷하지만 이자는 없어요. 무언가가 필요할 때 번호를 받고, 우리가 가진 돈이 우리들 사이를 순환하는 거죠.

—파사나쿠는 '손에서 손으로 건네다'는 의미를 가진 케추아어로, 옆으로 넘겨줘야 하는 것을 뜻해요. 무언가를 받고 되돌려주는 거죠. 이 게임은 예를 들면, 10명이 모여서 매달, 매주 또는 격주로 만남을 조직할 수 있어요. 이렇게 10명이 모여서 "얼마를 낼까?" 물은 뒤에, 저도 100페소를 놓고, 그녀도 100페소, 다른 여성들도 100페소를 내는 식이에요. 이렇게 해서 500페소를 모았고, 매주 500페소를 모아야 하는 거죠. 그 뒤에 비밀 추첨을 해서, 한 사람당 하나의 번호를 뽑아요. 1,2,3,4,5 중 한 번호가 나오면 첫 주에 모은 500을 그 사람에게 주고, 둘째 주에는 다른 사람이 500페소를 가져가요. 그렇게 당신은 또 100페소를 내고, 다른 사람도 100페소를 내는

식으로 계속되는 거죠.

모든 여성들이 참여하나요?

—네, 우리는 모두 동지니까요.

—우리는 이런 방식으로 놀이를 꾸려왔고 협동조합에서 일하면서 월급을 수령할 때마다 파사나쿠에 일정 금액을 넣어요.

요즘 파사나쿠는 주로 어떤 용도로 사용되나요?

—빚에서 벗어나기 위해서요. 제 동지가 그랬듯이. 그렇죠?

빚을 진 동지가 이걸 사용해서 갚았나요?

—네, 그 돈으로 갚고 이자를 늘리지 않는 거예요.

—그렇게 도움이 돼요. 만약 제가 5번을 뽑아서 500을 받는다면, 저는 큰 물건이나 어떤 중요한 제품을 살 수 있는 거죠.

그렇게 빚을 지지 않는 것이군요?

—맞아요, 모든 사람이 같은 금액을 받고 이자는 없으니까요. 이렇게 오랫동안 사용되어 왔어요. 실제로 파사나쿠라는 단어는 케추아어에서 유래했어요. 수년간 그렇게 사용되었고, 저는 어머니가 항상 하셨던 것도 기억해요. 한 번은 어머니가 아주

많은 빚을 지게 되었을 때 집문서를 담보로 내놓으셨어요.

어머니는 어디에서 대출을 받았나요?

—볼리비아의 국영 금융 기관인 유니온뱅크Banco Unión에서요.

그 돈을 무엇을 위해 사용했나요?

—우리 가족이 살 수 있는 판잣집을 짓기 위해 사용했어요. 어머니는 자녀가 일곱이어서 더 많은 공간이 필요했고, 그렇게 빚을 지셨어요. 저는 그때부터 빚을 혐오해요. 어떤 것도 할부로 사본 적이 없어요. 그들은 이자가 없다고 말하지만, 상환이 끝난 뒤 돈을 계산해 보면 결국 더 많은 돈을 지불하게 돼요. 거기에 이자가 이미 포함된 것이죠.

—빚은 여러 방식으로 우리를 제한해요. 건강에 영향을 미치고, 더 많은 돈을 벌기 위해 여가시간에 하던 활동을 그만두게 합니다. 저는 매달 빚을 갚아야 해서 스트레스를 받고 두통이 생긴 사람들을 많이 알아요. "돈을 어디에서 구하지?", "다른 데서 대출받아서 이 돈을 갚고, 나중에 그 빚을 갚아야겠다"라는 식으로 다음 달도 이렇게 잡아먹혀요. 그렇게 끝없는 악순환이 생기는 거죠. 사는 건 복잡해지고 모든 면에 영향을 미쳐요. 기분도 나빠지고, 압박감도 늘어나죠. 아이들을 제쳐

두고 돈을 더 벌려고 나가야 하는 일이 부지기수로 발생해요.

빚을 갚기 위해 어떤 종류의 일을 하나요?

—저임금의 밑바닥 직업들이죠. 그래도 돈이 없는 것보다는 적은 돈이라도 버는 게 나아요. 그런 사람들을 많이 봐왔어요.

—누군가에게 돈을 빌려줬는데, 돈을 빌려준 사람조차 경제적으로 어려운 상황에 처한다면 뭘 어떻게 할 수 있을까요? "당장 갚아! 나도 필요해!" 그들은 부딪히고, 다투고, 싸워요. 그래도 돈이 없어요. 그럴 때 어디로 가야 할까요? 돈을 빌려줄 또 다른 누군가를 찾아야 하고, 아마 돈을 구하지 못할 거예요. 그러면 기분이 나빠지고, 혈압이 오르거나 걱정에 한숨도 못 자요. 제 어머니가 그러셨어요. 어머니는 우리를 거둬 먹이려고 이 사람 저 사람에게 돈을 빌렸지만 언제나 돈은 부족했고, 이 악순환을 멈출 수가 없었죠.

여기에서 겪은 일인가요?

—아니요, 볼리비아에서요. 그때 우리 가족은 집이 없어서 월세를 내고 살아야 했고, 때때로 월세를 내지 못하면 쫓겨났어요. 제가 예전에 그런 경험을 했다 보니 지금 여기에서 힘들게 사는 사람들에게 매우 신경이 쓰여요.

금융 회사는 어디에서 신용 대출을 제안하나요?

—동네 곳곳이죠. 예를 들면 그들은 학교 정문으로도 가요.

—아이들과 함께 가는 병원에도 있고, 사람들이 항상 돌아다니는 시장에도 있어요. 동네 시가지에 와서 "신분증만 있으면 됩니다. 신분증만 있으면 돼요"라고 말하고 다녀요.

—요즘 리베이로와 코펠에서 엄청 많이 보이고, 센코수드Cencosud(소매 업체)에서도 많이 보였어요. 빈민가villa의 상황은 심각해요.

남자들보다 여자들에게 더 많이 제안하나요?

—우리 여자들한테 더 그러죠.

왜 그렇다고 생각하세요?

—우리가 가정을 책임지고, 집에 무엇이 필요한지 아는 사람들이니까요. 그래서 우리한테 더 많이 제안하고 "지금 가입하세요, 가입 즉시 일정 금액을 바로 인출할 수 있습니다"라고 운운한다고 생각해요. "지금 카드를 발급받으면 다음 주에 3천-4천 페소 정도를 쓸 수 있으니 차차 갚아나가면 된다"라고 제안하면서 사용 가능한 금액을 설명해 주죠.

—심지어 전단지를 주면서 가입하면 10-20%를 할인해 준다고 그래요.

—그들은 무엇보다 감언이설로 꼬드겨요. 사람들이 "오, 나는 이미 카드가 있으니 그걸 사용할게요"라고 말하는 경우는 드물거든요. 하지만 월말이 되면 돈이 부족해지고, 문제가 시작되죠. 저이가 말한 것처럼 스트레스를 받고, 혈압이 오르고, 돈은 항상 부족하니 건강에 많은 영향을 미치고, 마찬가지로 가족들과 모든 일에 영향을 줘요. 어머니가 기분이 안 좋으면 온 집안의 분위기가 가라앉죠. 보통 집안일을 담당하는 사람은 여자니까요.

—음, 제가 아는 한 여성은 그렇게 카드 대출로 물건을 구입한 뒤 돈을 갚지 못했어요. 나중에 그녀의 남편이 이렇게 말했다더군요. "빚을 져서 물건을 사놓고 못 갚는 사람도, 이렇게 걸려든 사람도 당신이니, 당신이 해결해."

무슨 물건을 샀는데요?

—믹서기 그리고 냉장고요.

—이래서 우리 여자들이 서로를 돕는 겁니다. 우리는 파사나쿠를 하기 위해 함께 집에서 만나고, 번호를 준비해서 가방 안

에 넣고, 몇 명인지 살핀 뒤, 예를 들어 만약 우리가 10명이라면 10개의 번호를 마련하죠. 그렇게 열 개의 번호를 가방에 넣고 각자 하나씩 뽑아서 그 번호를 정리하고 기록합니다. 누가 1번인지, 2번인지 기록하고 매달 돈을 모을 수 있도록 조직해요. 그렇게 돈을 모읍니다.

여자들만 하나요?
—남자가 같이 하기도 해요.

만약 지금 경제적으로 무척 힘든 사람이 있다면, 예외적으로 그 사람부터 돈을 받을 수도 있나요?
—만약 긴급한 위기 상황에 처한 사람이 있다면 자신이 뽑은 숫자와 더 빠른 순서의 사람의 숫자를 교환할 수 있어요.

—그녀의 차례에 받을 돈을 저에게 주는 거죠. 우리는 이미 서로를 신뢰하기 때문에 언제나 변함없이 진행됩니다.

—매우 헌신적이어야 하죠. 특히 만약 당신이 첫 번째로 돈을 받았다 하더라도, 계속해서 돈을 내야 해요.

—그래서 우리는 동지들 사이에서 해요. 저는 지금껏 문제가 없었어요.

— ○ — ○ —

“부채 탓에 우리는 원치 않게 가부장제의 시간에 자금을 대는 데 종속됩니다.”

에바 레이노소Eva Reinoso는 교도소 안팎에서 활동하는 페미니스트 단체 요노푸이YoNoFui[나는 그러지 않았다][3]의 구성원이다. 부에노스아이레스주 에세이사Ezeiza 교도소 31구역의 시poetry 워크숍을 통해 요노푸이가 결성되었다. 이 단체는 최근에 감금되었거나 가택 구금 상태에 있는 등 교도소 시스템을 겪어본 여성 및 트랜스와 함께하며, 예술적인 표현과 기술 훈련을 위한 공간을 창출하는 것에 초점을 두고 활동한다. 얼마 전 우리는 에바가 쓴 시 「우리는 부채로부터 자유롭기를 원한다!」를 읽었고, 이 시에 기반해서 교도소 안팎을 지속적으로 연결하는 부채, 낙태를 위한 부채, 소비를 위한 부채를 함께 이야기했다. 또한 소득을 창출하고자 ‘창안된’ 직업에 대해, 마지막으로 가부장제 시대에 부채가 왜 필요한지에 대해 대화를 나누었다.

3 [옮긴이] 요노푸이(Yo no fui)는 직역하면 ‘나는 하지 않았다’는 의미이다. 그러나 여성의 수감을 개인의 책임으로 전가하는 사회적 풍토와 이들에 대한 낙인에 저항하는 단체 활동의 취지를 고려해 ‘나는 그러지 않았다’고 해석하였다.

제가 정확히 이해했는지 확인해 볼게요. 연방 교도소에는 특정한 일자리가 있지만, 이것이 모두를 위한 것은 아니라는 말이죠.

—교도소에는 수감자의 일부인 약 70% 정도의 사람들을 위한 일자리는 있지만, 나머지 인원을 위해서는 아무것도 없이 불안정합니다. 그럼에도 수감자 70%를 위해 보장된 임금을 지불하는 일자리가 있기는 해요. 하지만 부에노스아이레스 교도소에서는 아니에요.

부에노스아이레스 교도소에서는 일해도 보수가 없나요?

—부에노스아이레스 교도소에서 일을 하면 시간당 16센트[약 216원][4]를 받습니다. 즉 5년을 선고받은 젊은 여성이 교도소에서 청소, 요리 등의 일을 하고 출소한다면, 5년 동안 일하고도 250달러[약 33만 7천 원]밖에 받지 못해요! 사실상 그들은 훌륭한 행실을 갖추려고 노예 노동을 하는 셈이죠. 만약 누군가가 이를 거부한다면, 재판에 사용될 보고서는 부정적으로 작성돼요. 아예 보고서를 써주지 않거나, 부정적으로 적어서 상황은 몹시 나쁘게 흘러가죠. 하지만 이런 상황에서도 여성들은 무엇이 주어지든 그걸 활용해 무엇이든 만들고 외부의 자원을 생산하기 위한 전략을 창출해 냅니다. 조금이라도 돈을 모으려고 커튼으로 동물 인형을 만들고 담뱃갑으로 재떨이

4 [옮긴이] 1달러 당 1,350원 환율 기준.

를 만들어서 그걸 전화카드와 교환하거나, 파트너의 생일 선물이 필요한 다른 이에게 판매하는 식의 노력을 하죠. 저는 호세 레온 수아레즈 교도소José León Suárez prison에서 다른 동지 두 명과 같이 직물 워크숍을 진행하는데요, 여기에 참여하는 한 젊은 여성은 속옷, 인형, 재떨이와 같이 우리가 상상할 수 있는 모든 것을 만들어냅니다. 우리가 사람들이 기부한 것들을 모아서 가져가면, 그다음 주 금요일에 여성들은 "어떻게 이걸 했지?"라고 질문할 수밖에 없는 대단히 놀라운 것을 생산해요. 아무것도 없는 곳에서 모든 것을 만들어내고 이것을 팔아서 교도소 밖에서 필요한 돈을 법니다.

교도소에서 빚을 지는 것은 어떤가요? 특히 아까 말씀하셨던 교도소 밖과의 관계에서 어떠한가요?

—일단 변호사를 써야 하니 교도소 안에서 그 비용을 충당하고자 집을 팔고 빚을 지기도 합니다. 대부분 한부모 여성이고 가장이기 때문에 아이들을 위한 전기, 가스요금을 계속 내야 해서 빚이 생기고요.

교도소 밖의 공과금을 내려고 교도소 안에서도 계속 일하는 것인가요?

—네, 그들 대부분은 비누 한 장 구입할 돈도 없거니와, 돈이 있다면 카트cart에서 음식을 구입하는 편이에요. 교도소를 방

문하는 이들과 나눌 물건을 제외하면 자기 자신을 위해서는 아무것도 사지 않습니다. 그렇기 때문에 교도소의 여성들의 환경이 제한되었음에도 교도소 밖의 가족들을 부양한다고 제가 말하는 거예요. 일하고 받는 돈이 있어야 이를 유지할 수 있지만 부에노스아이레스 교도소에서는 어떤 종류의 수입도 없습니다. 한마디로 말해, 그들은 마법을 부려요. 문자 그대로 누더기인 천 쪼가리만 갖고도 인형을 만들어 그걸 팔아 돈을 벌고, 그 돈으로 가족들이 교도소를 방문하거나 휴대폰 요금처럼 지불해야 하는 것들을 충당합니다. 남성들과 비교하자면, 이건 그들에게는 일어나지 않는 일이에요. 남자 교도소 앞에는 그들을 챙기려고 보따리를 싸 온 여자들이 줄지어 있는 한편, 남자들은 자기 자신을 위해 돈을 다 써버리죠. 여자 교도소에는 여성들만, 언제나 친척, 엄마, 자매, 숙모 같은 여자들만 있어요. 여자들을 챙기려고 보따리를 싸 들고 기다리는 남자들의 줄은 절대 발견할 수 없습니다.

맞아요. 언제나 다른 여자들이 무언가를 가져다주죠.

—네, 이게 바로 제가 부채에 대한 니우나메노스Ni Una Menos의 글을 바탕으로 쓴 글에서 말하고자 했던 겁니다. 모든 빚을 해결할 수는 없으니 우리는 어떤 빚을 갚고, 어떤 빚은 남길지 결정해야 해요. 전기요금이 격월로 어떻게 나오는지 당신도 아시죠? 예를 들어 이번 달에 가스요금을 낼지, 아니면 전

기요금을 낼지 결정하고, 번갈아서 지불해야 해요. 한 달은 전기요금을, 한 달은 가스요금을, 한 달은 수도요금을, 그렇게 무엇이 가장 빠르게 끊길지를 살피면서 번갈아 지불하죠. 제가 2012년에 교도소를 나왔는데, 그때도 그렇게 했어요.

그러면 당신도 교도소에 있을 때 빚이 있었나요?

—아니요, 저는 아이가 없어서 교도소 바깥에서는 빚이 없었어요. 그렇지만 교도소 안에서 마약을 판매하는 이들에게 빚이 있었습니다. 약값을 내려고 일하는 사람들 무리가 있는데, 교도소에서도 이를 전적으로 승인했죠. 마약 빚 때문에 교도소 안에서 살해당한 여성들도 동일한 상황에 놓여 있었습니다. 실제로 그런 일이 존재하고 일어나요. 이건 나머지 사람들을 규율하는 방법 같아요. 무슨 말인지 알겠죠? 돈은 한 달에 한 번씩 도착해요. 즉 소비하고 싶은 사람들은 한 달에 한 번 돈을 기대할 수 있다는 말이죠.

하지만 그 돈을 어떻게 인출하나요?

—에세이사 교도소Ezeiza Prison에서는 200시간을 근무하면 돈을 받습니다. 일을 더 할 때도, 덜 할 때도 있지만 돈은 교도소 안에서 인출해요. 일주일에 한 번씩 교도소 행정부에서 돈을 현금으로 주는 것을 심사하고 "나는 어떤 ID를 가진 자에게 얼마만큼의 돈을 인출하도록 승인한다"라고 적혀 있는 서

류를 줘요. 그러면 수감된 사람이 바깥에서 방문할 사람을 지정하고, 그 사람이 대신 돈을 인출하는 방식이지요.

하지만 교도소 안에서 소비하는 물건을 파는 사람들의 경우는요?

—그들은 교도소 밖에서 안으로 돈을 가져와요. 저는 그런 식으로 빚을 졌고, 거리에 있을 때보다 교도소 안에서 더 많이 소비했어요. 애초에 소비 문제로 수감되었거든요. 제가 하층민 출신이기는 하지만, 먹고 살기 위해서가 아니라 마약을 사려고 도둑질을 했었고, 교도소에 온 뒤에도 마약을 계속 사려고 일을 한 거예요. 마약 값을 갚았지만, 마약을 더 구입하면서 매달 빚을 지게 되었어요.

요즘은 어떤 일을 하세요?

—저는 네 가지 일을 해요. 우선 가정집 세 군데에서 청소부로 일하고 있어요. 그리고 지금은 끝났지만, 교도소 47구역에서 워크숍을 진행했습니다. 어제 요노푸이 차원에서 요리 사업을 발족했어요. 다른 동지들과 함께 사회단체가 여는 행사에서 판매할 만한 음식을 만들었고, 이를 바탕으로 예전에 수감됐다가 지금은 출소한 여성들과 함께 하는 요리 프로젝트를 시작했습니다. 저는 이 일이 좋아요. 매일 8시간 근무하는 다른 일을 제안받은 적도 있지만, 제가 그렇게 일하기는 어렵다

는 생각이 들어서 거절했습니다. 지금 하는 일들은 어느 정도 유연성이 있어요.

지금 빚을 지고 있나요?

—이제 공과금 관련된 빚이랑 전화기를 사느라 쓴 빚이 남아 있어요. 전화기를 살 때 신용카드도 없는 터라, 일시불로 결제할 여력은 없어서 코펠에서 [매장 자체 할부 시스템을 통한] 카드로 구입했어요. 원래 그 전화기는 3천 페소였는데 할부로 결제했더니 6천 8백 페소가 되더라고요. 원래 가격의 두 배 이상이에요! 그래도 세 번은 납부했는데, 그 이후에는 도저히 돈을 낼 수가 없었고 결국 변호사한테서 전화가 왔지요. 저는 "직업도 없고, 일이 없어서 돈을 낼 수가 없어요"라고 말할 수밖에요. 그리고 제가 몰랐던, 그래서 꽤나 복잡한 상황이 되어버린 전기요금과 수도요금 빚이 있습니다. 저는 두 명의 자매와 같이 살면서 공과금도 공동 납부하고 있었는데, 그중 한 명이 몇 달 동안 요금을 납부하지 않아서 어느 날 전기가 끊겨버렸어요. 전기 회사에 전화하고 나서야 한동안 요금 납부가 안 됐다는 걸 알았어요.

현재 빚 때문에 일상에 어떤 어려움을 겪고 있나요?

—지금 저를 좌절하게 하는 것은 시간이 없다는 점이에요. 공부에 쓸 시간조차도 충분하지 않아요. 저는 한부모라서 공부

를 하려면 베이비시터가 필요한데, 이들에게 지급할 돈도 없고 책을 살 돈도 없지요. 너무 많은 압박에 집중할 수가 없어요. 올해 부에노스아이레스대학에서 두 개의 강의를 듣기 시작했지만 머리가 터져버릴 것 같아 계속하기 어려웠어요.

당신이 봤을 때 빚은 어떻게 작동하나요?

—빚은 우리 몸을 축내게 만들고, 무엇이 비싼지 아닌지를 따지거나 선택할 여지를 없애버립니다. 어쨌든 돈을 내야 하잖아요. 저는 오늘 우유를 37페소를 주고서라도 사야만 했죠. 우리는 예외 없이 값을 지불해야 하고, 가격은 불만을 제기할 수 없을 정도로 높아졌습니다. 인플레이션과 긴축 조치에 얽매인 채 가격과 상관없이 빚을 집니다. 그래서 우리 여성들은 본의 아니게 고리대금을 지불해야 하고, 그렇게 가부장제에 더 많은 힘과 더 많은 시간을 제공하게 되었죠!

— ◦ — ◦ —

"제때에 상환하려면 어디에서든 돈을 구해야만 해요."

라플라타는 아르헨티나 최대의 과일 및 채소 생산 벨트 중 하나로 둘러싸여 있다. 바로 그곳에서 소규모 생산자들이 토지노동자조합 Unión de Trabajadorxs de la Tierra(UTT)을 조직하는 중이다. 토지노동자조합은 지역 그룹 또는 중심이 되는 접점을 통해 소규모 생산자와 소작농 수천 명으로 구성된 전국 조직으로, 유기농 음식을 생산하고, 유통망에 개입하고, 농산물 직거래 시장을 조직한다. 이 조직은 공공장소에서 채소를 자유롭게 나눠주는 공적 활동으로 유명하고, 이는 "베르두라소verdurazos"라고 불린다. 또한 토지노동자조합은 소규모 생산자의 토지 접근성을 요구하고, 농업용 독극물을 광범위하게 사용하는 농업의 생산 모델을 반대하는 활동을 조직해 왔다. 우리는 여성들과 함께 고강도의 농장 노동, 그들이 생산한 것으로 생계를 꾸리고자 하는 끊임없는 활동과 계산의 조율, 생산을 둘러싼 결정을 다투는 일에 대해, 그리고 부채가 어떻게 지구를 농약과 유전자 변형 종자에 묶어두는 근본적인 장치로 작동하는지에 대해 이야기를 나누었다.

— 이곳에는 FIE[5]와 코르디알 네고시오스Cordial Negocios,[6] 두

5 [옮긴이] FIE는 "Banco de Fomento a Iniciativas Económicas(경제 활성화 은행)"의 약자로, 주로 소규모 생산자나 기업을 대상으로 금융 서비스를 제공하는 금융기관이다. 이들은 농촌 지역의 금융 포용성 강화에 초점을 두고 있다.

6 [옮긴이] "Cordial Microfinanzas(친근한 소액 금융)"의 사업 중 하나이다. 은행 계좌가 없는 사람들의 구매 자금 조달을 목적으로 만들어진 지역카드 Carta Automatica를 비롯하여 각종 개인 대출 대금 결제 서비스를 제공한다.

기관이 있습니다. 코르디알 네고시오스는 지붕을 뚫을 기세의 이자율을 자랑하지만, FIE는 조금 더 접근할 만합니다. 코르디알은 시티은행Banco Ciudad을 통해 운영되고요.

대출금은 어디에 사용하셨나요? 어떤 일을 하고 계세요?

—저는 가정주부로 딸을 키우고 있습니다. 대출은 농장 때문에 아이 아빠가 받았어요. 묘목이랑 다른 것들을 사느라 빌린 것 같아요. 농장에는 항상 돈을 투자해야 하거든요. 하지만 이게 그렇게 쉽지 않아요! 들어보세요. 그들은 거기에 리스크가 얼마나 있는지, 무엇을 심을지를 살펴본 뒤에, 부동산을 소유하거나 임대하고 있거나 아니면 가치가 있는 무언가를 갖고 있는 보증인을 요구해요.

임대 계약서만으로도 대출을 해주나요?

—남편이 임대 계약서로 대출을 받았으니 그렇게 하는 것 같아요. 제 아버지가 이미 그곳에서 대출을 받으셨기 때문에 보증인 역할을 했어요. 하지만 아버지는 재산이나 어떤 것도 가진 게 없어요.

금융기관이 농장 근처에 있나요?

—네, 가까워요. 올모스Olmos의 44번가와 198번가 모퉁이에 있습니다.

이자율은 매우 높은가요?

—상황에 따라 달라요. 매달 납부인지, 분기별 납부인지에 따라서요. 남편은 4개월마다 납부하는 방식으로 대출을 받았는데 이게 어떨 때는 복잡해져요. 왜냐하면 토마토 같은 것들은 그렇게 바로 나오지 않고 (손가락을 튕기며) 시간이 걸리죠. 과정이 있으니까요.

그렇게 상황이 복잡해진 순간에 경제적으로 어떤 일을 겪었나요?[7]

—그때 남편 여동생이 돈을 빌려줬어요. 기한을 넘기면 이자가 엄청나게 올라요. 우리는 매달 15일에 돈을 갚아야 했는데, 이자가 올랐어요. 하루에 10페소도 안 되지만 우리에게는 큰돈이에요.

—연체료 때문이에요. 은행과 비교해 보면, 이자가 정말 높아요. 여기에 대해서는 나중에 좀 더 이야기해 볼 수 있을 거예요.

—네, 맞아요. 우리는 은행에서 돈을 빌린 적이 없어요. 더 까다로우니까요.

7 [옮긴이] 영어판에는 해당 질문이 생략되어 있으나 전체 맥락에서 필요한 질문이기 때문에 스페인어판의 질문을 삽입하였다.

여러분 중에 대출을 상환하려고 다른 일을 했던 분이 있나요?

—저는 아니고 제 가족이 그랬던 적이 있어요(웃음). 간호사인데, 지금은 다 갚았는지 모르겠지만, 그들은 심각한 상황이었어요. 정말 심각했던 건, 그런 상황이어도 돈을 빌려준다는 겁니다. 요즘에 달러가 상승하면서 이자율도 높아졌고, 그래서 해가 거듭될수록 이자가 늘어난 것 같아요.

당신은 대출을 받은 적이 있나요?

—네, 있긴 하지만 많지는 않아요. 한 번은 폭풍우와 우박 때문에 농장에 투자하려고 돈을 빌렸어요. 우박은 밖의 채소뿐만 아니라 방수포도 엉망으로 만들었어요. 모든 것을 파괴했고 아무것도 남지 않았죠.

—제가 지금까지 어떤 대출도 받은 적이 없고, 모두 다 갚았다고 상상해 볼게요. 하지만 내일 우박이 쏟아져 곧 수확할 예정이었던 바깥의 농작물을, 그리고 씨앗을 수정시키고 땅을 준비하려고 투자한 모든 것을 망쳐버린다면 어떻게 될까요? 그 모든 것은 값이 나가요. 농장을 유지하기 쉽지 않습니다. 특히 트랙터가 없다면 더더욱이요.

—한번 계산해 볼게요. 상추 한 판에는 약 300개 정도의 작은 칸이 있어요. 모종은 하나에 150페소가 들죠.

—상추는 가장 저렴해요. 고추와 토마토를 생각하면, 한 판에 1,500에서 2,500페소가 들어요.

그래서 우박 때문에 대출을 받았나요?

—네, 돈이 필요했어요. 빈털터리가 됐죠. 채소를 다시 심어야 했어요. 모든 것이 무너졌고 갈기갈기 찢어졌습니다.

그때 이자율이 매우 높았고요?

—네, 그때 2만 5천 페소를 빌렸는데 거의 5만 2천 페소를 갚았답니다.

연체된 적이 있었나요? 어떻게 하셨어요?

—글쎄요, 더 많이 일해야죠! 돈만 된다면 어떤 잡일이라도 해야죠.

—맞아요, 심지어 직접 가서 예산을 짜요. 이미 두세 번 납부를 했다고 가정해 볼게요. "이 날짜까지 갚고 싶은데, 내가 빌린 2만 5천 페소 중 얼마를 갚아야 하죠?"하고 물어봐요. 더 빠르게 갚는다면 이자는 훨씬 적겠지만, 그 돈을 전부 어디에서 구할까요? 그렇다고 나가서 도둑질을 할 수는 없잖아요.

그럼 그때 더 많은 일을 했겠군요.

—네, 잠도 못 자고 밤에 일하기도 했어요.

—저는 청소도 하고, 여성 노인을 돌보는 일도 해요. 왜냐하면 농장 일만으로 생계를 꾸릴 수가 없어요. 저는 그렇게 많은 땅을 갖고 있지 않거든요. 남편, 아이들과 같이 농장에서 일해요. 사람을 고용하면 돈도 주고 음식도 줘야 하는데, 그럴 돈이 없으니 사람을 더 고용하지 않아요. 가족을 희생하더라도 어떻게 해서든 버티려고 해요.

당신도 대출을 받은 적이 있나요?

—아주 오래전에요. 그것도 농장 때문이었어요. 토마토를 심기 위해서였어요. 토마토는 비용이 가장 많이 들고, 가장 비싸고, 마찬가지로 시간이 필요하죠.

—그리고 농약도 무척 비싸요.

—돈을 지불할 때는 모르는데, 모든 비용을 다 합해보면 농약값이 반 이상을 차지해요. 하루만 지나도 추가로 이자가 붙죠.

돈을 갚지 못해 문제가 생긴 적이 있나요?

—네, 하지만 정해진 바로 그날 돈을 상환하지 못하면 더 큰 이자가 붙기 때문에, 가족들에게 융통받아 돈을 만들었어요.

그러니까, 제때 갚으려면 어디에서든지 돈을 구해야 해요.

—협박성 서류를 받기도 해요. 3만 페소 정도 대출받았던 제 이웃이 그랬어요. 그녀는 대출받은 돈의 절반을 갚았고, 나머지 절반은 그녀의 전 남편이자 아이들 아빠가 갚아야 했지만 그는 그렇게 하지 않았죠. 하지만 남은 돈을 갚아야 할 사람이 내가 아니라 다른 사람이라는 걸 증명할 방법이 전혀 없었어요. 그녀는 더는 농장에서 일하지 않았고, 다른 파트너를 만나서 다른 일로 생활을 꾸리고 있었어요. 하지만 대부업자들은 그녀와 보증을 섰던 그녀의 자매를 계속 쫓았고, 그 돈을 빚진 사람이 전 남편이라는 사실을 증명할 방법은 없었습니다.

그녀를 쫓는 사람들은 누구인가요?

—농장에 와서 [대출을 위한] 인터뷰를 한 사람들과 같아요. 그들은 그렇게 큰 것이 아닐지라도 개인 소지품을 들먹이며 "당신의 소지품을 가져가겠다"라고 말하기도 해요.

—대출을 받았을 때 그녀는 농장에서 일했지만, 전 남편의 학대 때문에 갈라섰어요. 젠더 기반 폭력 때문에요.

그러면, 젠더 기반 폭력 때문에 이혼했어도, 전 남편의 빚이 그녀 몫으로 남은 거예요?

—맞아요. 게다가 전 남편이 변호사를 고용했기 때문에, 그녀는 더는 그를 보고 싶지 않았고요.

—또 그들은 당신의 보편적 아동수당 또는 보충적 사회 임금 Complementary Social Wage 카드를 증명하기를 요구하고, 그 돈을 압수하는 것이 불가능함에도 가져가겠다고 말해요. 우리는 그 동지 및 변호사와 함께 성평등 비서관의 사무실에 갔고, 변호사가 "그들은 국가사회보장국Administración Nacional de la Seguridad Social(Anses)에서 당신의 돈을 가져갈 수 없고, 그 회사는 당신의 보충적 사회 임금을 가져갈 수 없다"라고 조언해줬어요.

—하지만 그들은 그녀의 집에 침입해서 모든 것을 가져가고 싹 다 털어버리겠다고 했어요. 그녀가 가진 것들이 빚졌다고 가정되는 3만 페소를 충당할 만큼 충분한지와 상관없이, 그것은 그녀를 겁 주는 방법이었죠.

—그게 문제에요. 그들은 당신을 겁주고 위협해요. 저는 아이들과 일했어요. 상상해 보세요. 이들은 그저 아이일 뿐이에요. 설상가상으로, 그녀는 도둑질을 두 번 당했어요. 누군가가 밤에 집에 침입해서 모든 것을 부쉈어요. 그건 단지 작은 목재 집일 뿐이잖아요, 안 그래요?

—그들은 처음 대출받을 때 남편의 차 소유권을 담보로 요구했어요. 그 전에 어디에서도 대출을 받은 적이 없으면 그렇게 해요. 만약 이미 예전에 대출을 받고 갚은 적이 있으면 신뢰할 만하다고 생각하니까 더 많은 기회를 제공하죠. 할부를 연체한 적이 없거나 선납했다면 좀 더 많은 금액을 제안합니다. 제가 20이나 30을 빌렸다고 가정하면, 50까지 신용을 늘려주겠다고 말하는 거죠. 우리는 그렇게 임대를 시작했어요. 그렇지 않으면, 임대는 불가능했을 거예요.

—마지막 할부금을 납부할 시점에 그들은 또 다른 대출을 제안해요. 그들이 당신을 더 신뢰할 수 있다고 생각하면, 더 많이 제안하는 거죠.

—지금 시티은행은 변하고 있어요. 카드를 주고 은행에 가서 입금을 하게 해요. 직접 돈을 지급하기 위한 장소에 더는 방문할 필요가 없어졌어요. 선납은 불가능하고, 그들이 정한 날짜에만 갚을 수 있죠.

—또 다른 회사가 있는데, 이름은 잘 기억이 안 나요. 그곳의 이자율이 낮아서 다들 그곳에서 대출을 받고 싶어 하지만, 그 과정은 만만치 않아요. 그들은 당신의 전기요금, 구매 예정인 종자와 농약의 판매 청구서 등 모든 것을 요구하거든요.

농약을 구매할 때에도 전액을 대출받았나요?

— 물론이죠. 그렇게 하지 않으면 접근도 불가능한 걸요.

농약은 얼마인가요? 예를 들어 비료 한 병에 얼마인가요?

— 지금은 작은 병 하나에 1천 페소 이상이거나 1천에서 5천 페소 사이에요.

— 농작물을 재생산하려면 계속 농약을 구입해야 해요. 그래서 다른 동지들은 유기농 농장을 고민하고 있습니다.

— 맞아요. 기존 시스템은 수천, 수만 페소가 필요하고, 가격이 달러로 책정되기 때문에 많은 돈이 필요하거든요.

기존 시스템은 농약을 치는 농업을 말씀하시는 것인가요?

— 유기농으로 생산하면 더 적은 비용이 드니까 어떤 종류의 자유를 갖는다고 할 수 있어요. 그리고 결과는 훨씬 좋죠. 이건 달라요. 돈을 꽤 절약할 수 있습니다. 예를 들어, 유기농으로 시금치를 심는다면 다른 것 없이 모종이나 씨앗만 구입하면 되니까 1백 페소를 투자하면 돼요. 땅에 비료를 줄 때는 이미 가진 재료와 자원으로 직접 만들어요. 그러니까 이미 가진 자원을 활용하는 것이죠.

—우리는 여성으로서 이 모델이 실제로 건강에 어떤 영향을 미치는지 주목해 왔어요.

—저는 햇빛과 농약 탓에 문제가 생겼지만, 건강보험이 적용되지 않아 의사에게 갈 수도, 돈을 낼 수도 없습니다.

—제 아버지는 마스크를 쓰지 않고 토마토를 관리하다가 [농약에] 중독됐어요. 사장은 마스크가 비싸다고 생각해서 단 한 개의 마스크도 제공하지 않았죠. 제 삼촌과 형제는 우유를 마시곤 해요. 사실인지는 모르겠지만 우유가 뭔가 효과가 있어서, 그걸 마시면 좀 더 낫다더라고요. 하지만 아버지는 우유를 전혀 마시지 않았고, 나중에 불쾌감과 두통, 구역질할 것 같은 느낌이 생기고, 입에서 거품이 나오면서 병원에 가야 했습니다. 중독된 거예요.

—저는 경제적인 이유로 농약 사용을 멈췄어요. 돈이 없었거든요. 유기농 모델로 전환했는데, 이게 더 나아요. 여전히 FIE와 코르디알에서 빌린 부채를 상환하는 중이고요.

무엇을 위한 대출이었나요?

—바람에 날려버린 비닐하우스를 다시 지으려고요. 저는 일을 계속하고 있었지만, 남편이 사고를 겪어서 돈을 더는 낼 수가

없었죠. 단 두 달 전에 농장을 버리고 떠나야 했어요. 생산물을 관리하는 일은 기분을 좋지 않게, 어지럽게 만들어요. 때때로 아들이 도와주지만, 아직 어리기 때문에 실질적인 도움을 요청할 수는 없어요. 아침에 혼자서 작물을 관리하다 보면 메스꺼움, 구토, 두통이 생기죠. 나중에 이부프로펜을 먹어야 기분이 좀 나아집니다.

여전히 그 빚을 갚는 중인가요?

—네, 계속 갚고 있어요. 제가 빌린 돈의 두 배를 갚아야 해요.

빚을 갚으려고 더 많은 일을 찾아야 했나요?

—네, 남편은 더 많은 부업을 해서 대출 상환에 그 돈을 썼어요. 하지만 그중 하나를 하다가 낙상 사고가 났지요.

—네, 씨앗을 구입할 때 역시 빚을 져요.

—우리는 교육을 받지 않았기 때문에 농장 일 외에 다른 일을 할 수가 없습니다. 농장에서는 때로는 채소를 버려야 할 때도 있고 팔 수 없을 때도 있어요. 가치가 있을 때도 없을 때도 있지만 무슨 일이 있어도 그저 계속 심는 수밖에요. 가진 돈이 없을 때 대출받는 것 말고는 다른 방법이 없습니다.

당신도 역시 빚이 있나요?

—네, 폭풍이 모든 것을 파괴했을 때 빚을 져서 다시 시작했어요. 그런데 또 다른 폭풍이 왔고 다시 모든 것을 날려버렸죠. 계속 농사를 지으려고 그렇게 또 다른 빚을 졌어요. 그러지 않고 제가 뭘 할 수 있겠어요? 먹고 살려면 무엇을 해야 할까요? 저는 아이가 셋 있어요. 이 아이들을 부양해야 하죠. 제 아이들은 공부하는 학생이에요.

—요즘은 거리에서 청소 일을 하려고 해도 초등학교를 졸업해야 해요.

—누가 일반적으로 농약에 의지할까요? 남자, 대부분 남자입니다. [농장에는] 아주 조용히 아무 말도 안 하는 사람들이 있어요. 그 사람이the señor "이걸 해"라고 말하면 다른 이들은 그를 사장이라고 부르면서 일을 하죠. 하지만 그는 사장이 아니에요. 모두가 그를 위해 일하고 그를 사장이라고 생각하지만, 사실 그는 돈의 절반을 투자한 사업 파트너에 불과해요. 허리가 망가지도록 일하는 사람은 결국 우리라는 사실을 아무도 인정하지 않습니다. 모두가 우리를 인종차별적으로 부르면서 차별할 뿐이에요.

—얻을 수 있는 지분은 일의 형태에 따라 달라요. 임대료를 제

외한 뒤 소작농은 50%를 얻고, 나머지 50%는 돈을 투자한 사람에게 갑니다. 그러면 당신은 식사도 없이 일당 800페소만 받는 일용직이 되는 거예요.

—정부가 사회적 농업 단일세the Monotributo Social Agropecuario(소규모 농부를 정부 연금 정책에 통합시키는 제도) 같은 소규모 생산자를 합법화하는 공적 정책을 없앤 것은 말할 것도 없습니다. 마크리 정부는 최소한 우리가 공식 노동자일 수 있었던 그 프로그램을 없앴어요.

—또 다른 문제들도 있습니다. 당신이 빚을 졌다면 학대를 받고 있을 때조차 당신은 파트너와 분리될 수 없어요. 저도 그런 일이 있었죠. 내 아이를 협박하고, 제 모든 것을 가져가겠다고 협박을 가했기 때문에 이혼을 할 수 없었죠.

빚 때문에 계속 머물러야 했군요.
—물론이죠. 채무자이기 때문에 헤어질 수 없고, 그렇게 계속 지내면서 미래를 생각해야 해요.

여러분은 토지노동자조합UTT을 통해 빚을 내지는 않았나요?
—속옷까지 빚졌는걸요(웃음).

—저는 씨앗을 사려고 대출을 받았었고, 상추도 구입했어요. 2만 페소를 빌려서 모두 샀어요.

그들은 대출을 위해 무엇을 요구했나요?

—두 명의 증인 그리고 제 대리인의 허가를 요구했습니다.

두 명의 증인인가요, 아니면 두 명의 보증인인가요?

—두 명의 보증인이에요(웃음).

토지노동자조합 신용은 어떻게 구성됩니까?

—우리는 조직 본부가 상황을 책임지도록 체계를 만들었어요. 만약 동지에게 무언가가 필요한데 그들에게 무슨 문제가 생긴다면, 지역 그룹 및 그들이 참여하는 연합 그룹은 토론을 거쳐 이를 어떻게 해결할지 따져봅니다. 누군가가 일정량을 반환하면 다른 사람이 그만큼을 대출받을 수 있어요. 그렇게만 이용할 수 있기 때문에 만약 누군가 돈을 반환하지 못한다면, 다른 이를 위한 기회가 줄어듭니다. 누군가 빚을 지면, 본부가 책임져요. 만약 빙고[8]나 다른 걸 하다가 동지에게 문제가 생기면 모든 사람이 함께 문제를 해결할 수 있도록 토론에 부쳐 논의

8 [옮긴이] 빙고 게임을 의미하는데, 라틴아메리카 등지에서는 이 게임이 공동체에서 자금을 모으는 모금 활동 수단으로 활용된다. 참가자들은 소액의 참가비를 내고 게임을 즐기면서, 지역 사회를 위한 기금 마련에 기여하는 방식이다.

해요. 지난번에도 돈을 내지 않은 사람들이 여전히 많아서 이렇게 해야만 했어요.

—그래서 우리 본부 조직에서는 대표가 "나는 그것에 대한 책임을 지지 않겠다"라고 직접적으로 말하며 거절하기도 했습니다. 사실 우리는 이미 그런 일을 겪었었고, 결국 우리 주머니에서 돈을 지불해야 했어요. 내가 가진 것도 빚밖에 없는데 왜 내 주머니를 털어 돈을 내야 하나요? 내 아이들은 공부 중이고 저 역시 더 많은 교육을 받고 공부하기를 원하는데, 왜 제가 다른 누군가를 위해 돈을 내야 하나요? 그것은 전혀 공정하지 않아요. 그래서 우리는 합의했습니다. 만약 한 명의 동지가 대출을 받기를 원한다면, 그들은 소유권을 내놓아야 한다고요. 우리가 시작할 때 그랬던 것처럼.

—기금은 조직이 소유하는 것으로 모두에게 속해 있습니다. 거기에는 "네, 이것은 내 소유권입니다"라고 말할 'UTT 씨'가 없어요. 그건 누군가의 돈이 아니에요. 그렇다면 우리는 이걸로 무엇을 할 수 있을까요? 우리는 이것을 어떻게 책임 있게 이용할 수 있을까요? 음, 이건 도전이에요. 모두가 정말 많이 생각하고 있지만, 여기에는 책임이 따릅니다. "나는 생산을 위한 돈이 필요하고, 그 돈을 반드시 갚겠다"라고 말할 책임이죠. 이 일은 거의 이자가 없어요. 즉 돈은 모두의 것이죠. 우리가

어떻게 할 수 있겠어요?

여전히 사람들의 필요에 비해 많이 부족한가요?

—이건 대단한 것도 아닙니다. 아무것도 아니에요. 사소한 문제가 있을 때나, 누군가의 죽음에 대한 부의금 정도에 불과해요. 그렇게 돈을 빌린 동지가 사고 등으로 돈을 갚지 않는다면, 그 돈은 반환받을 수 없어요.

— ∘ — ∘ —

"젊은이들의 노동 궤적은 매우 불연속적이지만, 그들의 부채는 여전히 남아 있습니다."

우리는 부에노스아이레스에 위치한 아르헨티나 자율노동자센터 Central de Trabajadres de Argentina-Autónoma(CTA-A)[9]의 현 성평등 비서관이자 아동 및 영토 위원회 위원인 클라리사 감베라 Clarisa Gambera와 이야기를 나누었다. 1992년, 노동조합과 사회단체, 퇴직자 집단으로 구성된 아르헨티나 노동자중앙연합은 전국적으로

9 [옮긴이] 미고용 노동자들의 노동조합

실업과 노동의 비공식화가 증가하는 가운데 설립되었다. 이들은 정부, 사장, 정치 정당으로부터의 정치적 자율성을 선언했다. 이 인터뷰에서 클라리사는 이제 막 불안정한 직업을 갖기 시작한 청년에게 신속하고 비싼 신용 '제공'이 어떻게 그들의 수입을 한층 더 불안정하게 만드는 결과를 초래하는지 논한다. **노동과 소득은 간헐적이지만, 부채는 그렇지 않다.** 사람들은 임대 보증금을 위해, 아이의 탄생을 맞이하면서, 가전제품, 휴대폰, 옷을 사거나, 어떤 '자율적' 노동을 위해 오토바이를 구입하는 등 다양한 이유로 빚을 진다.

당신의 '아동과 지역' 분야에서의 노동조합 경험을 바탕으로, 오늘날 부채가 10대와 청년들에게 어떻게 영향을 미치는지 말씀해 주실 수 있을까요?

—지금 저는 열여덟 살이 되어 시설에서 나온 청년과 함께하는 일을 하고 있습니다. 보호소나 다른 시설에 거주하던 이들은 나이가 들었다는 이유로 시설에서 자진 퇴소해 직업을 구해야 합니다. 실업률이 높은 시기에는 이 과정이 더욱 복잡해지지요. 많은 경우 그들은 고등학교를 졸업하지 않았기 때문에 직업을 구하기 어려워요. 만약 공식적인 직업을 찾더라도 그 일은 보통 저임금과 매우 유동적인 노동 시간을 수반합니다. 이런 종류의 일들은 전문성이 낮고 업무 순환성은 높은 데다 특정 분야로 제한됩니다. 그 뒤에 어떤 일이 생기냐면, 첫 월급을 받고 얼마 지나지 않아 신용을 제안받아요. 은행은 메

일로 제안하기도 하고, 다수의 청년이 일하는 청소 회사를 방문하기도 하죠. 익히 알려져 있듯이, 은행은 높은 이자율과 함께 대체로 36개월 할부 상환을 제안해 청년들이 쉽게 접근할 수 있게 합니다.

무엇을 소비하고자 빚을 내며, 어떤 시기에 빚을 지게 됩니까?

—부채는 스포츠 의류, 스니커즈, 전자기기, 가전제품처럼 그들의 임금에 비해 상대적으로 값비싼 상품에 접근할 수 있게 해줍니다. 급여에서 공제되는 할부금은 임금이 낮을 때의 30%를 초과하지 않습니다. 정부는 청년들에게 필요한 임대료를 충당할 수 있도록 다양한 형태의 지원을 제공하고, 남은 돈으로 식비와 교통비를 충당합니다. 정부 보조금은 시간 제한이 있지만, 부채는 항상 보조금보다 더 오래 지속됩니다. 보통 젊은 남성과 여성의 노동 궤적은 매우 간헐적이기 때문에 오랜 무직 기간을 겪기도 합니다. 그렇게 빚만 계속 남아요. 이후 그들은 비공식적으로 일합니다. 하지만 만약 간신히 공식적인 임금 명세서를 받는 공식 노동에 진입한다고 해도 빚 때문에 임금의 일부는 자동적으로 차감될 거예요. 많은 경우 이 아이들은 이 사실을 알지만 잊어버리거나, 급여에서 돈이 실제로 공제될 때까지 이를 고려하지 않습니다. 이미 적은 임금이 빚을 갚는 데 공제된 돈 때문에 더 적어지게 됩니다. 그들의 노동 궤적은 매우 불연속적이어서 부채는 미해결로 남아버리고, 많은 경우 수

입이 없어지면 구입했던 물건을 처음 지불했던 돈보다 낮은 액수로 되팔더라도 여전히 빚을 상환해야 하죠. 이렇게 임금이 자동적으로 차감되는 상황에서 그들은 불안정하고 승진과 트레이닝을 기대하기 어려운 이 직업을 유지할 가치가 있을지 의구심을 갖게 됩니다.

정부 보조금, 불안정 노동 그리고 청년의 결합이 금융 메커니즘에 착취된다고 말할 수 있을까요? 이러한 부채는 어떤 종류의 폭력적인 상황을 초래할까요? 남성과 여성 사이에는 차이가 있나요?

—신용카드는 더 큰 은행화 프로젝트의 일환이며, 남성의 경우 보통 첫 번째 직장에서 시작됩니다. 젊은 여성이라면, 그들이 어머니가 되어 보편적 아동수당에 접근할 수 있을 때 시작되죠. 아이 돌봄과 병행할 만한 직업의 기회를 갖기는 매우 어렵기 때문에 이들은 대체로 직업을 찾을 수 없어요. 더군다나 다양한 이유로 가족과 떨어져 기관에서 성장하거나, 지지망이 없거나 적은 이들이 직업을 찾기는 한층 더 어렵습니다. 이런 경우에 휴대폰이나 가전제품뿐만 아니라 자녀의 옷을 사기 위해서도 신용대출을 받습니다. 우리와 같이 일하는 청년들은 공통적으로 가정을 꾸리면서 가전제품 및 가구를 구입하느라 빚을 집니다. 아직은 최대 1년까지 보장되는 '자율 퇴소 보조금'으로 할부금을 납부할 수 있고, 그 덕분에 직업을 가진 이

들이 부채 상환을 위해 임금을 사용하지 않을 수 있지요. 그러나 결핍을 겪은 젊은 남성과 여성의 소비 욕구는 이 질서정연한 시스템을 넘어 계획에 없던 빚을 내 스니커즈, 스포츠 의류, 휴대폰, 전자기기를 구입하게 만들어요. 그 빚은 임금으로 상환해야 합니다.

휴대폰이나 인근의 금융기관뿐만 아니라 홍보원을 통해서도 신용대출을 제공받나요?

—이탈크레드Italcred나 크레디알Credial 신용카드처럼 요구 조건이 매우 적고 이자율이 높은 다른 형태의 부채도 있어서, 이건 주로 큰 액수의 지출이 필요할 때 사용합니다. 오토바이는 그중 하나예요. 배달 일을 하고자 오토바이를 가맹점에서 할부로 구입하고, 임금의 일부를 그 할부를 갚는 데 사용하지요. 오토바이는 젊은이들에게 구직 과정에서 '자율성'을 제공하는 수단이기도 합니다. 오토바이는 이동성을 제공하고 그들은 자신의 운송수단을 통해 보통 비공식적으로 일하지요. 오토바이가 고장 나거나, 도난당하거나, 그들이 다친다면 돈을 벌 수 없고, 돈을 못 벌면 할부를 갚을 방법이 전무하죠.

젊은이들은 유아차, 아기 침대처럼 아이에게 필요한 용품을 구입하고자 빚을 지기도 합니다. 아이 출산을 준비해야 하는 젊은 부모들은 대개 아버지의 저임금만을 소득원으로 갖고 있어요. 그럼에도 남성들은 출산에 필요한 모든 것을 구입하는 것이 아버지로서의 책무라고 생각하고, 빚을 내서라도 전부 구매하는 경향이 있습니다. 일반적으로 가장 가난한 커플은 보편적 아동수당, 그들이 우선권을 갖는 주택 보조금, 사회 카드를 활용해 생활을 꾸려나갑니다. 정부는 아이를 보호할 것을 강조하며 어머니에게 일련의 보조금과 프로그램을 제공합니다. 공식적인 직업을 가진 젊은이들의 경우 임대 보증금을 위한 할부금이 또 다른 부채로 있습니다. 어떤 공간을 임대하기를 꿈꾸는 그들이 재산을 상속받지 못한 가족 출신이라는 점을 감안했을 때, 임금을 담보로 은행 보증을 얻어 빚을 지는 것만이 유일한 선택지가 되지요. 그리고 이는 매달 월급에서 차감됩니다.

노동조합 대표로서, 임금 노동자들 사이에서 부채 문제가 점점 보편적으로 흔해지는 상황을 목격하고 계신가요? 어떻게 그렇게 되었고, 그로 인한 영향은 무엇일지요?

—노동조합에서 동지들의 임금을 둘러싼 부채의 영향을 체계적으로 연구하고 있지는 않습니다. 이에 대해 질문하기 시작했던 시기에, 저는 주로 불안정한 임금과 직업을 가진 젊고 전문적인 여성들로 구성된 우리 팀원 모두가 하나 이상의 일을 하고 있고, 전부 신용카드 또는 월급이 입금되는 은행에서 사전 승인된 신용으로 빚을 지고 있다는 사실을 발견했습니다. 우리

는 휴가 비용을 지불하기 위해, 저렴한 차를 새로운 모델로 교체하기 위해, 집수리를 하고 가전제품을 구입하기 위해 빚을 집니다. 휴대폰도 우리와 같은 직종에서 필수적인 기기인데, 항상 할부로 구입하죠. 공부하는 사람들은 빚을 내서 책을 삽니다. 지난 겨울에는 가스비를 지급하려고 빚을 내는 신종 채무가 등장하기도 했습니다. 저 역시 채무자입니다. 저는 크리스마스 선물을 할부로 구입했고, 휴가 여행을 할부로 지불했고, 18개월 동안 갚아야 하는 자동차 담보 대출로 차를 바꿨습니다.

— ◦ — ◦ —

"가난한 가족들은 자신들의 이름이 법적으로 채무자로 연루될까 매우 두려워하기 시작했습니다."

2018년 3월 8일, 브라질 아마존 중심부인 마나오스Manaos에서 열린 페미니스트 파업은 독특한 형태를 띠었다. 그들은 발전소 민영화와 사회적 요금[10] 불수용non-acceptance에 저항하기 위해 엘렉트

10 [옮긴이] 사회적 요금이란 주로 저소득층이나 취약 계층이 전기, 가스, 수도, 교통 등 기본 공공 서비스를 더 낮은 비용으로 접근할 수 있도록 설정한 특별 요금을 의미한다.

로브라스Electrobras[11]의 건물인 발전소를 점거하기로 결정했다. 마나오스의 풍경 역시 독특하다. 그곳은 중국의 조립 공장이 산재한 천연자원의 거대한 보고이자 어린 소녀를 인신매매하는 진원지이다. 우리는 페르남부코 여성 상설 포럼Foro Permanente de Mujeres de Pernambuco의 안토니아 바로소Antonia Barroso와 이야기를 나눈다. 페르남부코 여성 상설 포럼은 브라질 페르남부코주 여성을 위한 페미니스트 공간으로, 서로 다른 도시를 가로질러 이어진 네트워크의 교점이자 다양한 집단을 두루 모으는 플랫폼으로 조직되었다. 그녀는 은행이 공공요금 인상분의 두 배 이상을 착취하고자 부채와 관련된 법적 과정에 개입한 방식을 입증하며, 왜 여성들이 의무적인 부채를 생산하는 요금 인상 반대 파업을 조직했는지 설명한다. 기본 서비스의 금융화는 대량 채무와 그 부채를 법적 기록으로 남기겠다는 도덕적 협박을 통해서도 이루어진다.

마나오스의 여성의 날8M은 어땠나요.

—3월 8일, 브라질 마나오스 여성 상설 포럼의 우리 아마존 여성들은 브라질 국영 에너지 기업인 엘렉트로브라스의 자회사 건물을 점거했습니다. 우리는 민영화가 공공재에 영향을 미치고 무엇보다 여성의 일상적인 삶에 더 막대한 영향을 미친다는 점을 알기 때문에 민영화에 반대합니다. 게다가 이는 가

11 [옮긴이] 브라질의 주요 전력 회사. 라틴아메리카에서 가장 큰 전력 회사이다.

장으로서 일하는 여성의 삶에 영향을 미칩니다. 가장인 여성이 급여를 받을 때에도 최저임금을 받거나 때론 그조차도 받지 못하기에 남편이나 다른 가족 구성원에게 의존해야 합니다. 따라서 저는 그런 가정들이 사회적 요금을 지불할 권리가 있다고 생각하고, 이것이 우리가 발전소를 점거하고 파업한 또 다른 이유였습니다.

에너지 회사의 민영화 위협 외에, 사람들이 청구서를 통해 자신이 실제 지불해야 하는 금액보다 더 많은 요금을 부당하게 청구받은 문제는 무엇이었나요?

—사람들은 사회적 요금이 인상된 것으로만 생각했지만, 사실 회사가 몇 달 동안 부당한 요금을 부과하고 있었다는 사실이 밝혀졌습니다. 그들은 카르토리오cartorio[12]를 통해 부당한 요금을 청구했습니다. 회사는 카르토리오와 계약해서 요금을 청구한 거예요.

카르토리오가 무엇인가요?

—카르토리오는 민원과 관련된 문서를 처리하는 [온라인] 공간입니다. 이 메커니즘을 사용하면서, 회사는 추적 시스템으

12 [옮긴이] 한국의 '정부문서 24'와 같이 온라인으로 공식적인 서류를 발급받을 수 있는 홈페이지.

로 가족들에게 요금을 청구하기 시작했습니다. 가난한 가족들은 자신들의 이름이 법적으로 채무자로서 연루될까 매우 두렵기 시작했고요.

누가 요금을 징수했나요?

—이타우 은행ITAU, Itaú Unibanco입니다. 그들이 협박용 서류를 보냈죠.

요금을 지불하려면 이타우 은행을 방문해야 했나요?

—그렇습니다. 하지만 처음에 은행은 청구서에 표시되지 않습니다. 가족들은 빚에서 벗어나고 싶으면 요금을 지불해야 한다는 서류만 받게 되는 것이지요. 서류를 받고 이들이 무엇을 했을까요? 그들은 공식적인 고소장을 받지 않으려고 카르토리오의 빚을 갚고, 카르토리오의 빚을 협상하고자 했고, 이것은 눈덩이 효과를 일으켰습니다. 가족들이 카르토리오에 돈을 지불해 이름에 먹칠하는 일을 피하고 싶기는 했지만, 보통 돈이 없었거든요.

돈이 없으면, 어떻게 돈을 지불했나요?

—다른 가족에게 돈을 빌려달라고 부탁하거나 주택용으로 사용하려고 계획한 저축을 사용했지요. 예를 들어 식료품을 구입하려는 돈이 부채를 상환하는 자원으로 활용되는 겁니다.

가족의 이름이 법적 과정과 관련되는 상황이 벌어질까봐 두려워서 다들 이렇게 했습니다.

그렇다면 당신들은 민영화와 부당 청구 두 가지 문제에 대해 항의한 것이군요?

—네, 우리들은 에너지 회사와 공공기관에 보낼 서류를 작성했습니다. 이 부당한 청구에 대한 항의 목록을 작성했어요. 게다가 미셰우 테메르Michel Temer가 이끈 쿠데타[13]가 성공한 뒤에 이 회사는 팔려버렸죠. 우리가 아는 바에 따르면 그 회사는 중국 회사이고, 그들이 이미 자회사와 협상을 마쳤으며 계약은 거의 완료된 상황이었습니다. 정부는 이 회사들에게 보상으로 8년 동안 회사의 가치에 대한 조사를 하지 않는 방안을 제안해 버렸습니다. 또한 이들은 아마존의 가장 외딴 지역에 전기를 공급하는 '모두를 위한 빛Luz para todxs' 프로그램 역시 유지하지 않기로 약속했어요. 그 결과 어업으로 생계를 꾸리는 많은 가족은 자신들이 팔아야 할 생산물을 저장할 방법이 사라져서 이주를 해야 했습니다.

단순히 생산 손실뿐 아니라 도시로의 이주까지 의미하게 되었군

13 [옮긴이] 미셰우 테메르는 룰라를 이은 대통령 지우마 호세프에 대한 탄핵 이후 대통령직을 맡았다. 그는 룰라를 구속시키기 위한 사법 과정에 부정하게 연루되었다고 알려져 있다.

요.

—네, 이건 생산뿐 아니라 학교 문제로 젊은이들의 삶에도 영향을 미칩니다. 가족들은 다른 도시로 이주해야 하고, 이미 이주는 진행 중입니다.

왜 지난 3월 8일에 발전소를 점거하기로 결정했나요?

—3월 8일은 대표적인 투쟁의 날이고, 국가와 제도의 폭력 또한 이 투쟁 과정의 일부이기 때문이지요. 정부의 부재 및 지원과 안전의 결핍으로 여성이 겪는 폭력 문제 때문에 우리는 여성의 존엄한 삶을 누릴 권리를 위한 파업을 진행했습니다. 우리가 여성에 대해 말할 때, 우리는 가족이 있는 여성에 대해서도 말합니다. 파트너의 성별이나 자녀 유무와 상관 없이요. 우리는 이 영향을 일상적으로 겪습니다. 그래서 그날이야말로 모든 투쟁으로 점철된 날이었고, 그 공간을 점령하는 것은 최선의 선택이었습니다.

결국 민영화되었나요?

—우리가 아는 한 그 과정은 완료되었고, 브라질 북부 및 북동부 지역에 민영화 과정에 돌입한 14개의 자회사가 있습니다.

모두 중국 회사인가요?

—네, 우리가 아는 한에서는 동일한 회사입니다.

카르토리오와 은행의 위협에 수반된 법적 소송은 어떻게 되었나요? 결국 사람들은 그 금액을 지불했나요?

—우리가 엘렉토브라스를 점거했을 때 자회사 대표와 미팅을 가졌고, 그는 부당한 청구로 고발된 가족들의 사례를 살펴보겠다고 약속했지만 지금까지도 연락이 없어요. 그래서 우리는 그들이 가족들과 협상하는 데 관심이 없다고 결론지었습니다.

그러면 은행의 역할은 단지 위협을 가하고 청구 금액을 수금하는 것뿐이었나요?

—네, 모든 청구서를 은행에서 지불해야 하는데, 특히 추가 요금이 부과된 청구서는 카르토리오를 통해 은행에서 처리됐습니다. 카르토리오는 문서를 발행하고, 가족들은 은행에서 협상을 거쳐 이자를 지불해야 했죠. 3월 8일에 우리는 이런 상황을 고발할 수 있었어요.

선언문

우리는 부채 없이 살아남고 싶다!

—니우나메노스

5월 10일, 우리가 국가 테러리즘 범죄에 면죄부를 주는 것에 반대하는 대항 권력을 표현하고자 마요 광장에서 집단적인 몸을 구성하고 있을 때, 집권여당연합the Alianza Cambiemos[1] 정부는 수십억 달러의 부채를 떠안으며 미래 세대의 삶을 위협했다. 이는 지난 군사독재 정권이 피, 고문, 납치, 실종, 학살, 아동 강탈을 통해 강제로 획득했던 권한과 매한가지이다. 집단 학살을 자행한 자들과 공모자들은 반대 목소리를 침묵시키고 정

1 [옮긴이] '캄비에모스(Cambiemos)'는 2015년 3월 당시 야당이었던 공화당(Propuesta Republicana), 혁신당(Unión Cívica Radical), 민중연합당(Coalición Cívica) 간 연합체이다. 공화당 당수였던 마크리(Mauricio Macri)를 단일 후보로 내세워 2015년 11월의 아르헨티나 대선에서 승리한 바 있다.

부를 탈취하여 부채를 지고, 노동력 및 생산을 몰수해 이 권력이 자본에 복무하게 만들었다. 우리가 이 정부가 방조한 집단학살 가해자에 대한 면죄부를 규탄할 때, 이 정부는 우리를 다시 빚더미에 빠뜨렸다.

이 사건들이 모두 동시에 일어났기에 우리는 부채가 생존을 위태롭게 하는 폭력의 또 다른 형태라고 외칠 수밖에 없었다. 집권여당연합 정부가 집권한 이후로, 우리는 정부가 차입한 약 950억 달러와 함께 채무의 새로운 주기에 진입했다. 이 어마어마한 부채는 2017년 말까지 국내 총생산량GDP의 60퍼센트에 이를 것으로 추정된다.

우리는 여성으로서 우리 일상에서 부채가 무엇을 의미하는지를 배웠고 또 알고 있다. 우리는 빚을 지게 되면 '아니오'라고 말하고 싶어도 말할 수 없다는 사실을 안다. 그리고 국가의 부채는 언제나 우리를, 그리고 우리 아이들과 손자, 손녀들을 예속시키는 방향으로 확산된다. 부채는 우리를 더 높은 수준의 불안정성과 새로운 형태의 폭력에 노출시킨다. 정부는 이 부채를 탕감하고자 여성에게 불균등하게 영향을 미치는 노동 유연성과 공적 지출 축소 프로그램을 약속한다.

그러나 그와 더불어 우리는 자발적이든 그렇지 않든 금융 시스템의 이용자이기도 하다. 즉 최근 몇 년 동안 정부 보조금이 금융 시스템에 투입되었고, 우리는 그렇게 은행 시스템에 강제로 편입되었다. 우리는 여성 가장으로서 협력 네트워크의 조직화와 자주 관리에서 핵심적인 역할을 차지한다. 금융 기업은 보조금과 임금에 수수료를 부과하고 대출, 신용카드, 소액 대출에 과도한 이자율을 적용하면서 이 커뮤니티 경제를 착취한다.

하지만 생일을 축하할 땐 신용카드를 쓰고, 집을 증축할 땐 대출을 받고, 생계를 시작하려는 사업은 소액 대출에 의존한다. 그렇게 우리는 계좌를 들여다보고 가장 중요한 몫을 떼어내느라 밤을 지새운다. 이런 일상적인 계산이 금융 정책에서 추상화되지만, 우리는 여성으로서 생계를 유지하고자 우리의 몸을 내던진다. 모든 것을 잃을지도 모른다는 위협을 느끼면서 부채 상환에 예속되었을 때, 그리고 우리가 살아가는 취약한 경제 구조의 어떤 불균형이 우리를 무방비 상태로 내몰고 드러나게 만들 때, 우리는 어떻게 남성 폭력을 멈출 수 있을까? 만약 우리가 이 폭력에서 살아남고자 쉼터에 간다면, 그다음 날의 청구서는 어떻게 지불해야 할까?

금융은 부채를 통해 여성의 노동력, 생명력, 그리고 가정, 지역 및 영토에서의 조직 능력을 직접적으로 착취한다. 빈곤의 여성화 그리고 부채가 야기한 경제적 자율성의 결핍은 심지어 남성 폭력을 더욱 강화한다.

여성 운동은 다양한 형태의 경제적 착취를 전면에 부각시킬 수 있는 역동적이고 횡단적인 사회적 행위자로 자신을 공고히 해왔다. 우리는 더는 단순한 희생자가 아니다. 우리는 그들이 우리를 착취하는 방식을 알고 있고, 탈취의 다양한 형태에 맞서 집단적으로 행동하는 방식을 알고 있기 때문이다. 우리는 1년이 채 되지 않는 동안, 여성 노동조합원들 및 다양한 조직과 함께 두 개의 여성 파업을 조직했으며, 공식 노동자와 실업자의 요구, 대중경제의 요구와 더불어 여성이 수행하는 무상 노동의 인정에 대한 역사적인 요구를 의제로 상정하고 결집시켰다. 우리는 돌봄 노동의 정치화와 자주 관리 노동의 인정을 요구했다. 이 맥락에서 우리는 우리의 생활 조건을 빈곤하게 만들고, 우리의 존재를 불안정하게 하는 갱신된 형태의 착취를 검토하는 방향으로 나아가는 것이 필수적이라고 믿는다. 여성 살해 수치가 이런 상황에서 두 배로 늘었기 때문이다. 이 숫자들 간에는 밀접한 관계가 있다.

우리는 가치의 생산자로서 말한다. 단 한 명의 여성도 잃을 수 없다. 우리는 부채 없이 살아남고 싶다!

2017년 6월 2일

우리는 부채로부터 자유롭기를 원한다!

—에바 레이노소(요노푸이 콜렉티브)

일상 경제를 빚지면서 발생한 궁핍함은 아니NO라고 말하기 어려운 잔인한 악순환으로 우리를 더욱더 에워싼다. 우리는 더 적은 돈을 받고 더 긴 시간 일하는 것도, 더 비싼 가격에 더 적게 구입하는 것도 거부할 수 없다.

우리는 모두 얽매여 있다. 한편에서 한부모 여성은 분명 착취와 불안정한 노동으로 시달릴 것이고, 가사노동을 하는 여성인 '주부'는 전적으로 마초 남성성에 노출되고 종속된 채 남겨질 것이다. 그들이 경제적으로 남편에게 의존해야 하고 자율성을 확보할 만한 자원이 없기 때문이다. 이는 최악의 폭력 형태 중 하나이다. 아이들의 한 끼 식사를 책임져야 한다는 의무감 탓에 복종을 거부할 수 없기 때문이다.

우리는 우리의 권리가 존중받을 수 있도록 정부가 더 많은 자원을 보장해야 한다고 주장한다. 그러나 정부가 이 부채로 유일하게 보장하는 것은 일상의 모든 영역에서 가하는 더 많은 압박과 폭력뿐이다. 우리는 버스표를 사려고 9페소를, 빵 1*kg*을 위해 32페소를, 우유 1ℓ를 위해 25페소를 지불해야 한다. 공공보건 지원센터는 어떤 지원도 하지 않고, 점점 더 전문성을 잃는다. 서비스는 매 시각 악화된다. 전기, 수도, 가스, 임대료 지불은 불가능하다! 이번 달에 모든 요금을 지불할 수 없다는 것을 알기 때문에 우리는 어떤 빚을 다음 달로 넘길지 선택해야만 한다.

이 부채가 우리를 자본이 관리하는 소비의 악순환에 가두며, 지나치고 불필요할 정도로 높은 이윤으로 자본의 증가를 지속시킨다. 우리는 가부장제 시대에 본의 아니게 더 많은 권력에게 자금 조달하는 역할을 한다.

2017년 12월

옮긴이 해제

『페미니즘으로 부채 읽기』는 아르헨티나 출신 연구자이자 활동가인 루시 카바예로와 베로니카 가고가 저술한 책으로, 2019년 스페인어로 처음 출간된 뒤 2021년 '사회적 재생산 이론 지도 그리기' 시리즈의 일환으로 영어로 번역 출간되었다. 이 책은 부채가 새로운 형태의 착취와 폭력을 세계적으로 전파해 모두의 삶을 새롭게 조직하는 핵심적 억압 요인이라는 점에 주목해 금융 자본과 이에 영합한 각국 정부를 테러리즘 집단으로 가시화하고 있다. 특히 라틴아메리카의 금융 세력과 보수 세력의 결탁을 강조하며 신자유주의 시대 부채가 가부장적 이성애 가족 제도의 강화와 성별화된 폭력의 순환고리를 만들어내는 역할을 드러내는 책이다.

역자인 우리는 2021년 7월, 이 책의 문제의식을 한국의 페미니즘 공론장에 소개하고 토론할 필요가 있다고 판단해 한국어 번역을 시작했다. 상대적으로 간소한 책의 분량임에도 번역에 마침표를 찍기까지 꽤나 오랜 시간이 걸렸다. 이 책이 담고 있는 이론적, 실천적 논의를 동료들과 함께 긴 시간 토론했으며, 한국 독자들에게 상대적으로 생소한 라틴아메리카의 저항 운동과 정치 상황을 효과적으로 풀어내려는 고민을 거듭하였다.

두 명의 저자 모두 니우나메노스 콜렉티브 활동을 기반으로 페미니즘 관점에서 부채를 쟁점화해 온 연구자이기에 그들의 분석 또한 구체적인 투쟁 현장과 학술적 장을 횡단한다. 우리 역시 한국 반성매매 운동에 참여하며 반자본주의 운동으로서의 페미니즘 실천과 이론화를 오랜 시간 고민해 왔다. 우리가 문제화하는 성매매는 경제 체제의 변화와 상관없이 몰역사적으로 존재한 것처럼 여겨지는 그것과는 다르다. 자본이 이윤을 착취하는 운동을 정당화하고 확대하는 정치적 전략과 기법이 변화하면서 성매매 시장의 운영과 정당화 논리 역시 변화해 왔다. 한국 성매매 시장에서 부채는 성을 판매하는 여성이 가질 수 있는 '기회'이자 성매매를 강제하고 폭력을 정당화하는 핵심 장치로 작동한다.[1]

우리는 성매매뿐 아니라 자본의 논리와 교차하며 발생하는 젠더/섹슈얼리티 체제를 해석하고 개입하려면 페미니스트 정치경제학 논의가 필수적이라고 본다. 그러한 토론의 긴요함을 강조하며, 여기에서는 이 책의 핵심 문제의식과 그것이 위

1 옮긴이 황유나는 『남자들의 방』에서 유흥업소가 세분화된 환경에서 영업 전략이 다변화하는 양상을 보여주었다. 황유나 지음, 『남자들의 방—남자-되기, 유흥업소, 아가씨노동』(오월의봄, 2022). 또한 옮긴이 김주희는 『레이디 크레딧』에서 성매매 시장과 금융 자본의 긴밀한 관계 양상을 보여줌으로써 성매매를 고립된, 일탈적 사회경제 현상으로 볼 수 없음을 명확히 한 바 있다. 김주희 지음, 『레이디 크레딧—성매매, 금융의 얼굴을 하다』(현실문화, 2022). 한국 성매매 시장의 성격을 전혀 고려하지 못하는 현행 '성매매처벌법'의 문제와 관련해 역자가 함께 쓴 논문으로 다음을 참고할 수 있다. 김주희·황유나, 「'성매매는 성착취' 구호에 대한 여성주의 비판」, 『한국여성학』 제40권 1호(2024): 213-247쪽.

치한 이론적 지형을 설명하고 앞으로 부채를 페미니즘으로 해석하는 작업을 정교화하는 데 고민할 만한 쟁점을 소개하고자 한다.

금융 테러에 맞서는 페미니스트 운동

카바예로와 가고는 금융 자본이 걷잡을 수 없는 경제적 변화의 속도와 그 불안정성에서 비롯된 불안과 공포를 활용해 인구를 순치시키고 규율화하는 지배 전략을 금융 테러financial terror라고 일컫는다. 금융 테러는 거대 금융 자본이 대중의 일상을 장악하고 재조직하는 위로부터의 폭력으로, 대중은 추상화된 채 불투명하게 작동하는 금융의 폭력을 정확히 직면하는 것에서 저항을 예비할 수 있다. 다시 말해 금융 테러가 만들어내는 지배와 복종 구조를 우선 파악해야 저항과 불복종이 누구를 향해야 하는지, 어떤 형태를 띠어야 하는지와 같은 정치적 목표와 실천을 기획하고 행동할 수 있다는 것이다. 이때 페미니스트 운동은 금융 지배의 불투명성을 깨뜨리고 구체화하는 데 필요한 아래로부터의 풀뿌리 경험을 바탕으로 현 상황을 진단할 공통의 언어를 제공하고 함께 엮어낸다는 점에서 매우 중요하다. 페미니즘에는 다양한 위치의 서로 다른 의제를 공통의 구호와 어휘로 묶어 공통된 행동의 장에서 공통의 프로그램과 의제로 발전시킬 힘potencia으로서의 가능성이 있다. 그리고 이러한 공통성을 만들어내는 실천으로서 부채의 경험을 벽장에서 꺼내 말하는 행위를 무엇보다 강조한다.

저자들에게 부채 경험 말하기는 금융의 추상화라는 휘장을 벗겨내는 금융 테러를 향한 저항일 뿐만 아니라 부채 관계에서 채무자와 채권자의 형상을 동질화하는 기존 금융 논의를 비판하는 근거이다. 부채 경험 말하기는 탈육체화된 채 추상적인 숫자로만 언급하는 금융 논의에 "육체, 목소리, 영토를 부여"하는 힘으로 작동한다(34쪽). 여러 차이를 무시한 채 탈취하는 부채의 메커니즘을 고려한다면 채무자와 채권자의 형상을 단일화하는 접근으로는 부채의 작동법을 정확히 파악할 수 없다. 따라서 역사적 맥락이 새겨진 물질성 있는 복수의 몸은 부채 읽기의 출발점이 된다. 저자들은 페미니스트 파업과 여러 집회에서의 투쟁과 같은 저항을 반복적으로 강조하는데, 이는 그 장소들에서 제각기 몸을 지닌 채 발화된 개인 경험으로 "금융과 신체를 연결하는 분석과 행동", 말하자면 부채를 탈개인화하는 정치적 전략이 만들어질 수 있기 때문이다(112쪽). 페미니스트들은 부채로부터의 해방이야말로 거리로 나선 대중이 자유로운 삶을 성취하는 방법임을 제시하면서 "우리는 살아 있기를, 자유롭기를, 부채에서 해방되기를 원한다"라는 구호를 외쳤고, "부채는 우리에게 빚진 것이다"라는 구호로 저항의 방향을 명확히 했다.

그렇다면 어떻게 라틴아메리카 페미니즘 운동은 금융의 추상화에 반격을 가할 공통의 방향을 창출할 수 있었을까? 이 책은 그 힘을 페미니즘 운동이 여성 노동을 정치적으로 가시화해 온 역사에서 찾는다. 저자들은 여성의 몫으로 당연하게 부과된 여러 과업이 사회적 위상과 중요성이 폄하된 채 비가시화되었듯이, 국가 부채에서 비롯된 긴축 재정과 일상의 금융화가 사회적 재생산 과업에 복무하기를 요구받는 여성에게 직접적인 영향을 미치고 있음에도 이들의 경험 역시 가정의 개인적인 사안으로만 남게 되었다고 진단한다. 따라서 페미니즘 운동이 자연화된 여성의 일에 이름을 붙이고 사회적 인정과 보상을 요구하며 '노동' 개념을 활용해 여성을 착취하는 자본에 저항했듯이, 구체적인 여성들의 경험을 드러내 금융의 여성 착취를 가시화하는 전략은 유효하다. 기존 페미니즘 운동과 연구에서 도출된 문제의식과 전략이니만큼, 이 책의 진단과 주장 역시 오랫동안 이어진 페미니즘 논쟁의 기반 위에 있다.

부채와 폭력

영어판 서문을 쓴 티티 바타차리야는 저자들이 부채에 대한 관점을 해석하면서 핵심적인 이론적 자원으로 삼고 있는 '탈취dispossession'에 의한 축적 프레임이 과연 금융 자본의 운동을 정확히 설명하고 이에 저항하는 연대를 창출하는 데 적절한 이론적 접근인지 질문한다. 물론 자본 축적의 핵심을 탈취로 보는 관점과 생산으로 보는 관점의 자본주의 작동 원리에 대한 분석이 차이가 있음에도, 이 책의 저자들과 바타차리야는 모두 현 사회에서 여성에 대한 억압과 계급 착취가 자본의 운동과 뒤엉켜 작동하고 있으므로 이를 해결하는 접근 역시 자본주의 체제에 대한 분석으로 가능하다는 전제를 공유한다. 이 책이 탈취를 중요한 자본 축적의 기제로 파악한 맥락을 이해하려면 자본주의의 역사를 여성에 대한 폭력과 식민지 약탈의 측면에서 다시 쓰고자 했던 페미니스트 논의의 계보를 되짚을 필요가 있다.

마르크스는 폭력적 강제와 사기, 강탈 등의 방법으로 생산자와 생산 수단을 분리시킨 것에 주목해 원시 축적을 설명한 바 있다. 반면 저자들이 적극적으로 인용하는 로자 룩셈부르크와 데이비드 하비는 자본주의 이행기에 생산자와 생산 수단이 분리된 것에 주목한 마르크스와 달리, 자본의 막대한 축적은 식민지, 농촌 사회와 같은 소위 비자본주의적 영역을 폭력적으로 수탈해 이루어졌으며 그러한 축적 과정은 현재 진행형이라고 주장한다. 이렇게 자본의 축적을 자본 '외부'에 대한 폭력적인 수탈로 설명하는 방식은 마르크스의 원시 축적 논의가 성별 문제를 누락하고 있음을 비판하고 이를 보완하고자 한 페미니스트들의 시도와 공명해 왔다. 대표적으로 마리아 미즈Maria Mies는 『가부장제와 자본주의Patriarchy and Accumulation on a World Scale』에서 여성의 노동과 몸을 착취하는 과정과 유럽 외부를 정복하고 식민화하는 과정을 중심으로 자본주의 체제를 분석하면서 자본주의적 생산 관계가 본질적으로 가부장적이라고 주장하였다.[2] 실비아 페데리치 또한 『캘리번과 마녀Caliban and the Witch』에서 자본주의 이행기에 발생한 마녀사냥에 초점을 맞춰 자본 축적을 설명했으며, 이러한 마녀사냥은 현재 여전히 계속되고 있다고 지적한다.[3] 이렇게 여성에 대한 폭력과 탈취가 자본의 초기 축적에 기여하고 나아가 자본주의가 유지되고 확장되는 데 핵심적인 메커니즘임을 강조한 페미니즘 논의의 자장 속에서 이 책은 부채를 강제하는 금융 자본의 움직임을 경제적 폭력의 일환인 금융 테러라고 명명한다.

우리 역시 자본주의가 여성에 대한 폭력의 정치적 작동 없이 추동되기 어렵고, 여성을 포함해 자본의 '외부'처럼 여겨져 온 특정 영역을 수탈하고 탈취하는 과정이 자본의 축적과 확대 재생산에 중요한 부분을 차지한다는 주장을 지지해 왔다. 또한 자본의 운동이 성별에 따라 다르게 작동하는 동시에 성별 역할을 강화하는 측면이 있다는 점도 동의한다. 그러나 동시에 바타차리야가 제기한 탈취와 생산의 관계에 대한 질문은 자본의 외부와 내부의 구분을 전제한 금융 폭력에 대한 저자들의 주장을 비판적으로 검토할 계기를 마련한다. 사회적 재생산 이론은 기본적으로 자본주의 사회에서 노동력의 재생

2 마리아 미즈, 『가부장제와 자본주의~여성, 자연, 식민지와 세계적 규모의 자본 축적』, 최재인 옮김(갈무리, 2014).

3 실비아 페데리치, 『캘리번과 마녀~여성, 신체 그리고 시초축적』, 황성원 · 김민철 옮김(갈무리, 2011).

산과 유지를 위한 모든 활동과 과정이 자본주의 경제에서 핵심임을 주장하면서 생산 영역과 재생산 영역을 통합적으로 이해하려는 일원론적 관점을 채택하지만, 연구자마다 서로 다른 이론적 강조점이 있다. 우리는 생산과 수탈의 경계가 유동적이고 불투명하며 상호 결합해 있듯, 비자본주의적인 것처럼 여겨져 온 사회적 재생산 영역과 자본주의 생산 영역 사이의 경계 또한 불분명한 채 공생관계를 맺고 있음을 강조하고자 한다. 이러한 경계적 불투명성이야말로 자본주의가 스스로의 성장과 지속을 위해 필요로 하는 핵심 요소이다. 그러므로 오히려 이 둘을 명확히 구분되는 것처럼 다루고 서로 다른 위상을 부여하는 전략이야말로 탈취를 정당화하는 논리를 강화할 수 있다. 이 책에서는 비자본주의 영역에 대한 금융 자본의 침투와 그로 인한 사회적 재생산의 위기를 강조하는데, 이는 현 체제에 대한 총체성 분석을 간과하고 비자본주의적, 공동체적 삶으로 자율적 재생산을 이상화할 경향으로 나아간다.

또한 테러나 폭력으로 부채를 설명하는 것만으로는 스스로 채무자 되기를 '선택'하는 문화적, 이데올로기적 논리를 해명하기 어렵다. 빈곤은 부채의 핵심적인 원인이자 배경이지만, 부채는 항상 삶의 궁박함에서 촉발되는 것은 아니다. 빚을 지면서까지 무언가를 소비할 필요는 저자들이 룩셈부르크를 인용해 말하듯 언제나 강제로만 추동되는 것은 아니다. 새로운 소비자는 더 많은 소비를 욕망하도록 자극하는 이데올로기적 장치 속에서 탄생하며, 부채는 이러한 소비 욕망을 현실화하고자 하는 도구로 손쉽게 제시된다. 예를 들어, 아르준 아파두라이Arjun Appadurai는 소비를 추동하는 수요와 욕망의 탄생은 사회적, 경제적 힘에 따라 결정된다고 지적했으며, 시드니 민츠는 식민지와 영국의 관계에서 설탕 소비에 대한 욕구가 어떻게 사회적으로 주조되었는지를 분석한 바 있다.[4] 또한 오구라 도시마루小倉 利丸의 말처럼 자본주의 체제에서 특정한 성적 대상에 대한 심상을 욕망하도록 주조된 성 시장의 패러마켓 없이 성매매를 설명할 수는 없다.[5] 그리고 이 모든 과정은 폭력으로 일면화되는 것이 아니라 자유로운 선택이라는 환상을 조성하는 통치성 분석을 필요로 한다. 부채를 폭력과 연결 짓는 것만큼이나 폭력 없이 부채를 추동하는 욕망의 작동법에 대한 이해가 필요하고, 이러한 욕망의 시공간은 자본주의의 외부로서의 비자본주의적 세계라기보다는 자본의 운동으로 확대되는 자본주의적 세계 자체를 구성한다.

여성 해방의 가능성

전술했듯, 이 책은 금융에 저항하고자 하는 이론적이고 정치

4 시드니 민츠, 『설탕과 권력』. 김문호(옮김)(지호출판사, 1998); Appadurai, Arjun. "Introduction," *The Social Life of Things* (Cambridge University Press. 1988), 3-63.

5 오구라 도시마루, 「성매매와 자본주의적 일부다처제」, 『노동하는 섹슈얼리티』, 다자키 히데아키(엮음). 김경자(옮김)(삼인, 2006), 65-124쪽.

적 자원으로 여성 노동에 대한 페미니스트들의 작업을 주요하게 활용했다. 특히 저자들은 1970년대 '가사노동 임금 지급 투쟁Wages for Housework'을 위시한 자율주의 페미니즘 논의를 핵심적으로 참조한다.[6] 이는 우리가 '가치 증식'으로 번역한 valorization이라는 개념에서 엿볼 수 있는데, 저자들은 기존에 가치 있는 것으로 여겨지지 않았던 일들이 실제로는 특정한 가치를 생산하고 금융에 의해 착취되고 있음을 강조한다. 이 책에 따르면 가사노동, 재생산 노동, 공동체 노동은 가치 증식의 대표적인 공간이며 이를 가시화해 임금노동 개념을 확장하는 정치적 행동은 페미니즘으로 부채를 읽는 핵심적인 효과로 제시된다. 그러므로 자발적인 채무 중지는 "우리가 공짜로 창출한 부"인 가사노동의 가치를 재전유하는 실천으로 의미화되는 것이다(87쪽).

가사노동이 자본의 잉여가치 증대에 기여한다는 자율주의 페미니스트들의 주장은 여성의 노동을 가시화하고 그 '가치 있음'을 증명하기 위한 논리였으며, 실제로 '가사노동 임금 지급 투쟁'은 이를 근거로 보상을 요구하기도 했다. 이들의 운동은 가사노동이 자본주의 생산체계에서 잉여가치를 직접적으로 창출하는지, 아니면 노동력 재생산에만 기여하는지 여러 논쟁을 야기했기에 그에 기반한 이 책의 주장 역시 기존의 논

6 실비아 페데리치, 『혁명의 영점—가사노동, 재생산, 여성주의 투쟁』, 황성원 옮김 (갈무리, 2013) 참조.

쟁과 밀접하게 연관된다. 대표적으로 실비아 페데리치는 가사노동이 잉여가치를 창출한다고 주장했으며, 티티 바타차리야는 이러한 주장에 반대하였다. 우리는 여성의 가사노동이 자본주의 유지에 필수적이지만, 노동력을 유지하는 노동 자체가 상품으로 거래되지 않는 한 그것이 잉여가치를 생산하지는 않는다고 보기에, 후자의 입장을 지지한다. 다시 말해 여성의 존재를 주변화하면서 자본주의 경제가 작동하는 방식에 대한 근본적인 도전 없이 가사노동에 임금을 지급하거나 자발적으로 채무를 중지하려는 시도만으로는 여성과 부채를 만들어내는 경제 구조 자체를 흔들지 못하며, 오히려 자본주의의 모순을 봉합하고 지연시키는 역할을 한다고 보는 것이다.

가사노동의 필수 역할을 인정하지 않고 정당한 보상 없이 전유하는 자본에 대항하는 페미니즘 운동의 힘은 이 책에서 노동조합 운동과의 동맹과 연대로 빛을 발한다. 저자들은 페미니스트와 노동조합의 연맹을 높게 평가하며, 이로써 부채에 대한 저항과 노동 개념의 확장이 동시적으로 가능했다고 지적한다. 나아가 "모든 여성은 노동자다"라는 구호를 통해 지금까지 '노동'으로 여겨지지 못한 각종 과업을 부상시켜 작업장 안에서 생산을 담당하는 '노동자' 형상을 내파하고 확장하며 공식과 비공식을 불문하고 다양한 이들을 '노동자'로 한데 묶어내는 정치적 힘을 만들어낸다. 그렇다면 가치를 생산하지 않는 존재들은 이 확장된 노동자 연대에서 어디에 위치할 수 있을까? 더욱이 최근 플랫폼 경제나 자산화assetization를 중심으로

한 자본주의의 변화 속에서 생산의 동학은 우리의 일상과 점점 멀어지고 있다.[7] 또한 왜 우리 '여성'은 해방의 거리에 '노동자'로 존재해야 하는 것일까? 착취와 차별 모두에 맞서는 대중운동이 그 어느 때보다 강력한 세력이 되는 현실에서 이러한 질문은 향후 중요한 쟁점으로 토론되어야 할 것이다.

우리는 궁극적으로 노동운동을 경유해 변혁 운동을 만들어내고자 하는 저자들의 입장과 다른 편에 선다. 저자들은 노동 개념의 인플레이션을 통해 여성과 소수자 내부의 다양성과 차이를 역사화하지 못한 채 피억압자들을 추상적으로 호명하고 나열하는 것에 그친다. 우리는 오히려 자본주의적 확대 재생산 구조의 필수적인 요소로 동원되는 '여성'의 정치 세력화로, 다시 말해 페미니즘으로 해방의 가능성을 모색해야 한다는 입장을 견지한다. 물론 이때 '여성'은 고정된 정체성이 아니라 역사적, 사회적 맥락에서 새롭게 출현하고 재구성되며 확장되는 정치적 범주이다. 페미니즘이 공통 어휘를 창출하고 공통된 운동의 장을 형성할 수 있는 정치적 힘을 지닌 이유는 페미니즘이 다양한 지역과 경제 영역에 놓인 '여성'의 경험과 관계를 해석하고자 분투해 온 역사 덕분이다. '여성'은 재현된

7 플랫폼 경제의 맥락에서 '벗방' 시장을 연구한 논문으로 황유나, 「'벗방'시장 연구: 시장장치 개념을 중심으로」, 『문화와 사회』 45호(2024): 65-104쪽. 최근 남성들이 갖는 '피해 의식'을 자산화를 중심으로 한 변화된 주체화 양식의 틀로 분석한 연구로 김주희, 「돈 되지 않는 몸을 가진 남성-피해자들」, 『디지털 시대의 페미니즘』, 한국여성학회 기획(한겨레출판사, 2024).

존재들은 언제나 외부와 내부의 경계를 만들어냈고, 무수히 많은 힘이 교차하고 복합적으로 작동하는 장소이자, 이를 조율하고 경합하는 정치적 주체라는 역설적 지위를 영위해 왔다. 금융, 부채, 빈곤, 노동, 자본, 폭력은 모두 페미니즘 관점에서 읽고 행동하며 재정치화될 필요가 있다. 하지만 페미니즘에 입각한 해방의 정치가 다시금 노동계급을 혁명 주체로 특권화하고 노동을 무한 확장하는 동시에 위계화하는 정치로 퇴보할 이유는 어디에도 없다. 자본주의 경제의 보이지 않는 기반을 드러내되, 그것을 모두 보편적 '노동'으로 포섭하거나 유비적 수준에서 '노동'으로 긍정하지 않는 것이야말로 페미니즘 정치이다. 우리는 우리에게 요구된 '노동'을 거부하고자 하는 과정을 정치적으로 자원 삼아야 하며, 이를 부과하는 권력에 저항하는 운동이 곧 페미니즘이라고 믿는다. 우리는 비공식 부문의 발명과 확대의 자본주의적 동학, 자본주의 체제가 내적으로 가지는 모순과 한계에 대한 더 많은 연구가 페미니즘 관점에서 이루어져야 한다고 생각한다. 물론 이는 티티 바타차리야의 말처럼 "바리케이드의 같은 편에서 우리가 서로를 발견할 것이라는 확신에 입각한 불일치"임이 틀림 없다(17쪽).

페미니즘으로 정치경제 읽기

번역 과정에서 텍스트를 거듭 곱씹으면서, 우리는 왜 이 책이 라틴아메리카와 유럽 등지의 다양한 공간에서 토론의 매개체로 적극 활용될 수 있었는지 충분히 납득할 수 있었다. 『페미니즘으로 부채 읽기』는 특정한 지역의 운동과 정치 상황을 배경으로 쓰였음에도, 지리적 경계 너머로 질문을 확장할 만한 다양한 아이디어를 제공하고 무궁무진한 토론거리를 만들어낸다. 이 책의 번역을 시작한 시기에 우리는 성매매 여성의 불처벌에 대한 또 다른 책을 기획하고 저술하는 작업을 병행했다.[8] 두 작업을 동시에 진행하면서, 사회적 재생산의 모순을 드러내 자본주의 경제의 자연화된 지배를 극복하고자 하는 페미니스트 정치경제학 연구의 중요성을 새삼 더욱 확신할 수 있었다.

이 책의 저자들은 감옥과 부채를 미래 시간성의 추출이라는 공통점을 중심으로 엮은 뒤 수감자를 고정된 장소에 정박시키는 감옥과 달리 부채는 노동을 동원하고 채무자를 이동시키는 역할을 한다고 분석한다. 감옥산업의 확장과 이민자와 인종화된 인구의 투옥이 사회적으로 문제화되고 있는 지구적 현실에 동의하면서, 동시에 우리는 한국의 처벌 전략으로서 벌금에 주목하고 있다. 성매매 여성은 주로 벌금형에 처해지는데, 벌금은 오히려 벌금 납부를 위해 성을 더욱 적극적으로 판매해야 한다는 점에서 감옥보다는 부채와 유사한 기능을 한다. 도시개발과 금융 자본, 그리고 자본과 영합한 지자체 및

8 김대현 · 김주희 · 남승현 · 노혜진 · 민가영 · 박정미 · 백소윤 · 유현미 · 장다혜 · 장원아 · 최별 · 황유나 지음, 『불처벌—성매매 여성을 처벌하는 사회에 던지는 페미니즘 선언』, 반성매매인권행동 이룸 (기획)(휴머니스트, 2022).

정부의 폭력에 대한 논의는 성매매 집결지 강제 철거에 대한 논의를 정치경제학적으로 분석할 필요를 절감하도록 만든다.[9] 또한 페미니즘으로 정치경제 현상을 해석한다는 것은 여성화된 빈곤, 여성 채무자 형상을 탐구하는 것만큼이나 자본과 폭력의 성별화된 형상에 중요한 관심을 두는 일이기도 할 것이다. 우리가 이 책을 매개로 여러 질문거리를 도출하고 토론할 수 있었듯, 이 책을 읽는 과정이 독자들에게 다양한 질문과 자극을 제공할 수 있으리라 기대한다. 초기 팸플릿이 수차례 다시 쓰인 과정을 거친 책이었던 만큼 밀도 있고 압축적인 내용이 가득하기에 여러 세미나에서 다양한 사람이 책을 함께 읽는 자리를 열길 기대한다.

마지막으로 번역 과정에 함께해 준 모든 이에게 감사 인사를 빼놓을 수 없다. 여성주의 반성매매 정치의 가능성을 끊임없이 토론하고 실천해 나가는 '반성매매인권행동 이룸'과 성매매 현장의 여성들 덕분에 이 책의 번역을 결심할 수 있었다. 어설프게나마 책의 초벌 번역을 마쳤던 2022년 여름, 맑스 코뮤날레 '부채와 금융주체성' 세미나에서 참석자들과 책을 같이 읽고 토론한 내용을 바탕으로 책에 관한 이론적 이해를 확장할 수 있었다. 2023년부터 지금까지 동시대 금융과 자본, 페

9 성매매 여성 추방 정책과 밀접하게 연관된 한국의 주택 체제에 대한 문제의식은 다음을 참고할 수 있다. 김주희, 「성매매 집결지 재개발, '낙후된 여성'을 축출하는 환상의 팀워크」, 『도시와 빈곤』 제129호(2024).

미니즘 공부를 함께 하며 질문을 나눠 온 '금융노동연구회F' 구성원들은 언제나 역자들의 든든한 동료로 옆에 있어 주었다. 무엇보다 현실문화연구 출판사의 김수기 사장님은 기나긴 번역 과정을 기다려주시고, 꼼꼼한 편집으로 번역의 부족한 부분을 최대한 보완할 기회를 마련해 주었다. 또한 스페인어판과 영어판을 비교하고 라틴아메리카의 맥락을 파악하는 과정에서 역자들의 질문에 친절하게 응답해 준 전유나 덕분에 번역의 정확도를 높일 수 있었다. 한국어판의 번역 출간을 손꼽아 기다려준 두 저자 루시와 베로니카에게도 감사를 전한다. 모든 오역의 책임은 마땅히 역자들에게 있다. 다양한 정치, 경제 영역을 포괄하여 페미니즘 운동 주도의 반자본주의 이론화를 시도한 이 책의 장점이 독자들에게 잘 전달되기를 바란다.

2025년 1월, '내란 수괴'에 대항하는
'여성' 대중의 광장 가운데,
김주희, 황유나

영역판 옮긴이의 말

아르헨티나의 여성, 레즈비언, 트랜스의 일상생활이 부채의 영향을 많이 받는다고 추정하기는 쉽지 않을 것이다. 이 책을 번역하는 동안 아르헨티나에 살면서 삶의 모든 부분에 부채가 스며드는 것을 직접 목격했다. 식품을 구매할 때 인플레이션이 지속적이면서도 예측할 수 없이 일어나는 게 특징적이다. 우유 1ℓ가 얼마일지 모른 채 단지 전날보다 더 비싸질 것이라고만 알 수 있으며, 가장 좋은 조건과 가장 저렴한 할부 계획을 찾기 위해 여러 개의 신용카드를 동시에 사용해야 한다. 화요일엔 씨티은행 신용카드를 사용해서 디아Día 식료품점에서 할인을 받을 수 있지만, 수요일에는 갈리시아 신용카드를 사용해서 (…) 등등을 기억해야 한다. 거래와 할인을 빠삭하게 파악하고, 여러 카드와 계좌를 관리하며, 인플레이션과 금리 인상 예측에 기초하여 결정을 내리는 등, 이 모든 추가 노동은 (그리고 관련된 불안감도!) 주로 여성들에게 집중되며 일상생활과 미래에 대한 계획을 완전히 지배한다. 빚을 갚기 위해 어떤 조건에서든 아무 일이나 해야 한다. 빚은 당신을 폭력적인 생활환경에 결박하고, 치료나 교육을 받을 기회도 제한한다. 부채 없이는 재생산이 불가능해진다.

그러나 또 다른 것도 눈에 띈다. 일상에서 부채에 대한 집단적 대응 말이다. 예를 들어, 나는 내 정치조직 동지들과 함께 회전식 신용계rotating credit circle에 들었고, 가스 회사의 터무니없는 이자율을 아끼려고 내 직불카드로 친구의 빚을 대신 갚아줬다. 나는 고리대금업을 일삼는 대출 기관과 금융 기관에 대항하는 시위에 참여했다. 부채를 문제 삼는 이러한 집단적 방법들은 페미니스트 운동이 촉발하여 부채를 정치화하는 과정의 일부로, 종종 페미니스트 조직 활동에서 직접적으로 나타난다.

지난 5년 동안 아르헨티나의 페미니스트 운동은 전례 없는 생기와 활력을 보여주었다. 임신 중지 합법화를 요구하며 의회를 둘러싼 백만 명의, 혹은 여성 살해에 대한 수십만 명의 정의 요구 행진 등 대규모 결집에서 이러한 활력을 볼 수 있다. 2016년 10월부터 일어난 일련의 페미니스트 파업에서 볼 수 있듯이 여성, 레즈비언, 트랜스, 논바이너리는 우리의 삶을 완전히 무시하는 제도에서 자신들의 모든 노동력을 철수시켰다. 페미니스트 상호 원조 네트워크, 자기방어 그룹, 풀뿌리 커뮤니케이션 플랫폼 등 일상의 매 순간과 공간을 조직하고 변화시키는 페미니스트들의 일상적 실천에서도 이러한 생기를 엿볼 수 있다. 페미니즘의 지적 생기는 이질적 주체 위치와 경험이 만나고, 특정 경험에서 시작하여 그 연관성을 추적하고 분석하는 페미니스트 방법론으로 전례 없는 지적 생산을 일궈냈다. 이 방법론은 경제적 폭력, 국가 폭력, 젠더 기반 폭력 간의 관계를 새롭게 이해할 수 있도록 했다.

따라서 이것은 이 책을 읽는 첫 번째 열쇠이다. 이 책은 페미니스트들의 조우와 집회, 그리고 저자 자신이 니우나메노스 집단과 페미니스트 파업을 조직하는 등의 활동 참여에서부터 적정 가격의 주택 공급을 둘러싼 투쟁과 연금개혁 반대 투쟁까지, 집단적인 성찰과 운동을 통해 생산된 지식의 결과이다. 부채 문제는 통치성 형태를 정의하는 추상적 조건이 아니라 여성, 레즈비언, 트라베스티, 트랜스, 논바이너리의 체험에서 발생하며, 이들은 이것을 페미니스트 방법론의 일부로 공유한다. 따라서 이 책은 이러한 구체적인 부채 경험의 지도로 읽힐 수 있고, 또한 거기에서 또 다른 연결의 지도가 드러난다. 이 방법론에서 집회의 실천은 서로 다른 주체의 입장과 경험을 한 곳에 모으고, 그 모든 것을 집단 지식 생산의 과정을 통해 질문하고 도전하고 변형시키는 핵심적인 역할을 한다. 이러한 집회에서 부채 문제는 비록 형태는 다르지만, 차이를 지닌 여성들과 여성화된 몸의 경험을 연결하는 선line이자 공통의 문제로 등장했다.

이러한 부채는 일상생활의 모든 영역에 침투해 있다. [이 책의 저자인] 루시와 베로가 보여주듯이, 최근에 새로운 형태의 부채는 이전에는 금융 착취의 대상으로 여겨지지 않은 사회의 가장 취약한 부문을 직접 겨냥하기 시작했다. 미국의 비우량주택담보대출처럼 아르헨티나의 은행과 비공식 신용중개업들은 신용 이력이 없는 사람들에게 대출을 제공하면서 은행의 추가 위험을 보완하기 위해 높은 이자와 변동금리를 부과한다. 심지어 공식적인 수입도 없는 사람들에게 종종 이러한 신용이 제공된다. 이것이 어떻게 가능한 것일까? 대중경제의 가치 재증식revalorization이 이루어지기 때문인데, 사람들은 위기 시 생존을 위해 모든 다양한 방법을 고안하며, 공식 임금경제를 초월하는 모든 형태의 노동과 가치를 생산한다. 이는 이 책을 읽는 두 번째 열쇠로, 재생산 노동과 기타 여성화된 노동 형태가 중심 역할을 하는 동시대 노동 형태와 가치 생산의 지도이다.

여기에서 아르헨티나의 특수한 상황이 중요하다. 2001년 국가 경제위기 당시 실업자 운동은 노동시장을 우회하고 무엇이 가치 있는 일인지 스스로 결정하면서, 국가가 직접 그들에게 돈, 즉 소득을 제공하도록 했다. 동시에 사람들은 협동조합, 자영업체, 공유주방community kitchen, 의료센터, 학교에서 집단적 형태의 사회적 재생산 등 다양한 생계 방식을 실험했다. 지금 금융이 착취하려는 것은 국가보조금 경제를 비롯한 복잡다단한 대중경제이다. 이 책은 이러한 노동 형태를 정리해, 부채가 어떻게 사회적 재생산과 여성화된 노동으로부터 가치를 **추출하고** 나아가 젠더화된 격차를 강화하고 생산하는지 구체적으로 보여준다. 페미니즘으로 부채 읽기는 사회적 재생산을 투쟁의 지대terrain로 보면서, 가치 증식과 추출을 둘러싼 투쟁, 나아가 재생산이 조직되는 방식과 그 영향에 관한 투쟁을 강조한다.

그러나 페미니즘으로 부채 읽기는 부채가 여성들에게 미치는 영향에 대한 인류학적, 사회학적 설명을 넘어서고, 또한 구조조정이 국가 서비스를 민영화하여 여성들이 더 많이 노동하도록 만든다는 익히 알려진 논쟁을 넘어선다. 여성과 여성화된 신체를 저항할 자율성이나 행위성 없이 부채의 악순환에 갇힌 그저 피해자로 보기보다는, 페미니즘으로 부채 읽기는 부채에 대한 현존하는 투쟁을 강조하고 어떻게 우리가 그 불복종을 확장할 수 있을지 탐구한다. 이 책을 읽는 세 번째 열쇠는 이러한 저항의 관점이다.

우리 일상생활에 뿌리 내린 이러한 다양한 형태의 부채를 이해하고 맞서 싸우는 데 페미니즘으로 부채 읽기가 어떤 도움을 줄 수 있을까? 첫째, 부채를 벽장 밖으로 꺼내 지도를 그리고 토론하면서, 그것의 정치화를 방해하는 부채와 결부된 수치심과 개인적 죄책감에 도전한다. 부채를 정치화하는 것은 또한 국가 부채와 가계 부채, 한 영역과 다른 영역의 부채, 서로 다른 유형의 부채 간 연관성을 추적하는 것이다. 이를 통해 이 책은 부채에 저항할 수 있는 모든 장소와 그것에 저항하면서 형성할 수 있는 동맹의 대항지도countermap를 구축한다. 따라서 불복종에 관한 실질적인 지침 역할을 한다.

이러한 불복종은 빚 없이 사람들의 필요를 충족시키는 방법을 집단적으로 조직하는 것에서부터 회전식 신용계와 같은 대안적 신용 형태나, 고리대금 신용중개업과 공공기업체에 항의하는 것에 이르기까지 다양한 형태를 띤다. 책을 마무리하는 인터뷰에서는 수감된 여성, 여성 농민, 불안정하게 고용된 젊은이 등 부채의 가장 많은 영향을 받는 몇몇 집단에서 나타난 불복종 사례를 소개한다. 인터뷰는 극도로 위태롭고 취약한 상황에 처할지라도 부채와 부채가 부과하는 명령에 불복종하는 것이 당초에 집단적 단결의 문제임을 보여준다. 따라서 우리는 그들의 이야기가 학자금 채무에서 의료비 부채까지, 그리고 소비자 부채에서 국제 금융 기관과 외국 정부가 부과한 부채에 이르기까지, 지구 다른 편에서 부채에 시달리는 사람들에게 반향을 일으킬 것이라고 상상한다.

물론 부채에 대한 이러한 투쟁은 아르헨티나에만 국한된 것은 아니다. 지난해 칠레와 에콰도르에서 일어난 가장 격렬한 봉기 중 일부는 국제통화기금과의 부채 문제와 그 부채가 여성의 삶에 미치는 영향을 직접적으로 다루었다. 이는 이러한 분석과 의제가 이미 초국적이라는 것을 보여준다. 최근 푸에르토리코에서 일어난 봉기 또한 푸에르토리코에 부과된 식민주의적 부채에 반대하는 것에 초점을 맞추고 있다. 물론 미국에서도 학자금 대출, 의료비 부채, 주택담보대출 상환, 소비자 부채 등 가계부채 상황은 낯설지 않으며, 부채는 일상생활과 미래

전망을 조직하고 제한한다. 월가 점거 운동과 여기에서 파생된 많은 운동, 학생운동, 반퇴거 운동은 모두 다양한 방식으로 부채에 맞서 싸워왔다. 이 책이 그러한 운동에 경험과 투쟁을 연결하고, 부채가 재생산을 착취하며 젠더화된 격차를 만들어내는 방식을 이해하기 위한 페미니스트 관점의 방법론을 제공하기를 바란다.

책에 실린 이야기들이 부채에 영향을 받는 모든 이에게 영감과 조직화를 위한 구체적인 실마리를 제공하길 바란다. 또한 구체적 투쟁에 기초하여 부채의 지도를 그리고, 노동 및 추출 형태의 다양성과 사회적 재생산의 중심성을 인식하는 이러한 페미니스트 방법론이 다른 맥락과 상황에서도 도구가 될 수 있을 것이다. 2019년 아르헨티나에서 출간된 이 작업의 초판은 노조 강당과 주민센터, 학생 단체, 주부 단체, 여성 농민 단체, 은행 노동자에 이르기까지, 다양한 공간에서 발표, 토론, 논쟁의 주제가 되었다. 이를 통해 부채에 맞서는 투쟁을 더 많은 부문과 영역으로 확산하고 분석을 심화했으며, 이 책은 이를 반영한 확장된 판본이다. 우리는 우리 각자가 빚으로 어떤 영향을 받는지, 부채의 명령에 대항하는 투쟁은 각각 특정한 장소에서 어떤 모습인지에 관한 더 많은 대화가 이 번역을 통해 이루어지길 바란다. 그런 의미에서 이 번역이 페미니스트 입장에서 부채에 대항하는 다양한 투쟁을 연결하는 과정에서 또 다른 발걸음이 되기를 기대한다.

리즈 메이슨디즈

참고 문헌

Berniell, Inés, Dolores de la Mata, and Matilde Pinto Machado, "The Impact of a Permanent Income Shock on the Situation of Women in the Household: The Case of a Pension Reform in Argentina." CEDLAS Working Paper No. 2018 (La Plata, Argentina: CEDLAS, 2017).

Biscay, Pedro, "Dictadura, democracia y finanzas," speech given at the Central Bank of the Argentine Republic on March 25, 2015.

Blanco, Camila, Biscay, Pedro, and Freire, Alejandra, *Taller N°1 de Endeudamiento Popular: Notas para la difusión de derechos de usuarios y usuarias financieros* (Buenos Aires: Ediciones del Jinete Insomne, 2018).

Brown, Wendy, *Undoing the Demos: Neoliberalism's Stealth Revolution* (New York: Zone Books, 2015): [국역본] 웬디 브라운, 『민주주의 살해하기』, 배충효 옮김 (내인생의 책, 2017).

Caffentzis, George. 2013. "Reflections on the History of Debt Resistance: The Case of El Barzón," *South Atlantic Quarterly* 112 (4): 824–30.

Los límites del capital. Deuda, moneda y lucha de clase (Buenos Aires: Tinta Limón and Rosa Luxemburg Foundation, 2018).

Cavallero, Lucía and Gago, Verónica, "Sacar del clóset a la deuda: 'por qué el feminismo hoy confronta a las finanzas?'," prologue to George Caffentzis, *Los límites del capital. Deuda, moneda y lucha de clases* (Buenos Aires: Tinta Limón and Rosa Luxemburg Foundation, 2018).

Cooper, Melinda, *Family Values. Between Neoliberalism and the New Social Conservatism* (New York: Zone Books, 2017).

Durand, Cédric, *El capital ficticio* (Barcelona: NED and Futuro Anterior, 2018).

Federici, Silvia, "From Commoning to Debt: Microcredit, Student Debt and the Disinvestment in Reproduction," talk given at Goldsmith University, November 12, 2012.

"From Commoning to Debt: Financialization, Micro-Credit and the Changing Architecture of Capital Accumulation," www.cadtm.org/From-Commoning-to-Debt (2016. accessed August 28, 2020).

Foucault, Michel, *The Punitive Society: Lectures at the Collège de France, 1972–1973*, ed. by Bernard E. Harcourt and Graham Burchell (New York: Picador, 2018 [1973]).

Gago, Verónica, "Financialization of Popular Life and the Extractive Operations of Capital: A Perspective from Argentina," trans. by Liz Mason-Deese. *South Atlantic Quarterly* 114 (1)(2015): 11–28.

Neoliberalism from Below: Popular Pragmatics and

Baroque Economies, trans. by Liz Mason-Deese (Durham: Duke University Press Books, 2017).
"Is There a War 'On' the Body of Women? Finance, Territory, and Violence," trans. by Liz Mason-Deese, *Viewpoint Magazine* (2018). www.viewpointmag.com/2018/03/07/war-body-women-finance-territoryviolence/(accessed August 28, 2020).
Gago, Verónica and Roig, Alexandre, "Las finanzas y las cosas," in *El imperio de las finanzas. Deuda y desigualdad* (Buenos Aires: Miño y Dávila, 2019).
Galindo, María, "Las exiliadas del neoliberalismo" (La Paz: Mujeres Creando, 2004).
Giraldo, César, ed., *Economía popular desde abajo* (Bogota: Desde Abajo, 2017).
Godreau-Aubert, Ariadna, *Las propias: apuntes para una pedagogía de las endeudadas* (Cabo Rojo: Editorial Educación Emergente, 2018).
Graeber, David, *Debt: The First 5,000 Years* (Brooklyn, NY: Melville House, 2011): [국역본] 데이비드 그레이버, 『부채, 첫 5,000년의 역사』, 정명진 옮김 (부글북스, 2021).
Guisoni, Oscar, "Plan para dinamitar la deuda," *Página/12* (2012) www.pagina12.com.ar/2001/01-07/01-07-03/pag21.htm (accessed August 28, 2020).
Harvey, David, *The New Imperialism* (Oxford: Oxford University Press, 2003): [국역본] 데이비드 하비, 『신제국주의』,

최병두 옮김 (한울아카데미, 2016[2005]).

Lazzarato, Maurizio, *The Making of the Indebted Man: An Essay on the Neoliberal Condition*, trans. by Joshua David Jordan (Los Angeles: Semiotext(e), 2012): [국역본] 마우리치오 라자라토, 『부채인간』, 허경, 양진성 옮김(메디치미디어, 2012).

Lazzarato, Maurizio, *Governing by Debt*, trans. by Joshua David Jordan (South Pasadena, CA: Semiotext, 2015): [국역본] 마우리치오 랏자라또, 『부채 통치—현대 자본주의의 공리계』, 허경 옮김 (갈무리, 2018).

El capital odia a todo el mundo (Buenos Aires: Eterna cadencia, 2020).

Lordon, Frédéric, *Willing Slaves of Capital: Spinoza and Marx on Desire* (London: Verso, 2010): [국역본] 프레데리크 로르동, 『자본주의와 자발적 예속—스피노자와 마크르스의 욕망과 정념의 사회학』, 현동균 옮김(진인진, 2024).

Luxemburg, Rosa, *The Accumulation of Capital*, trans. by Agnes Schwarzchild (New York: Routledge, 1951[1913]): [국역본] 로자 룩셈부르크, 『자본의 축적 1,2』, 황선길 옮김 (지식을만드는지식, 2013).

Madsen, Nina. 2013. "Entre a dupla jornada e a discriminação contínua. Umolhar feminista sobre o discurso da 'nova classe média'," in Bartelt, Dawid Danilo (eds.), *A "Nova Classe Média" no Brasil como Conceito e Projeto Político* (Río de Janeiro: Fundação Heinrich Böll, 2013).

Martin, Randy, *Financialization of Daily Life* (Philadelphia: Temple University Press, 2002).

Nápoli, Bruno, Perosino, Celeste, and Bosisio, Walter, *La dictadura del capital financiero. El capital militar corporativo y la trama bursátil* (Buenos Aires: Peña Lillo-Ediciones Continente, 2014).

Nietzsche, Friedrich, *On the Genealogy of Morals*, ed. by Robert C. Holub, trans. by Michael A. Scarpitti. Reprint edition (London: Penguin Classics, 2014[1987]): [국역본] 프리드리히 니체, 『도덕의 계보학』, 홍성광 옮김 (연암서가, 2020).

Ossandón, José, ed., "Destapando la caja negra: sociología de los créditos de consumo en Chile" (Santiago: Instituto de Investigación en Ciencias Sociales, ICSO, Universidad Diego Portales, 2012).

Rolnik, Raquel, *La guerra de los lugares. La colonización de la tierra y la vivienda en la era de las finanzas* (Barcelona: Descontrol, 2018).

Sassen, Saskia, *Expulsions: Brutality and Complexity in the Global Economy* (Cambridge, MA: Belknap Press: An Imprint of Harvard University Press, 2014): [국역본] 사스키아 사센, 『축출 자본주의』, 박슬라 옮김 (글항아리, 2016).

Segato, Rita, *La escritura en el cuerpo de las mujeres asesinadas en Ciudad Juárez* (Buenos Aires: Tinta Limón, 2013).

Strike Debt Assembly, *The Debt Resistors Operations Manual*

(New York:Common Notions, 2012). strikedebt.org/The-Debt-Resistors-Operations-Manual.pdf.

Taylor, Keeanga-Yamahtta, *From #BlackLivesMatter to Black Liberation* (Chicago: Haymarket Books, 2016).

Terranova, Tiziana, "Debt and Autonomy: Lazzarato and the Constituent Powers of the Social," *The New Reader* 1 (1) (2017).

Toro, Graciela, *La pobreza: un gran negocio* (La Paz: Mujeres Creando, 2010).

Villareal, Magdalena, *Antropología de la deuda: crédito, ahorro, fiado y prestado en las finanzas cotidianas* (Mexico City: Ma Porrúa Editor, 2004).

Zambrana, Rocío, "Rendir cuentas, pasarle la cuenta," *Revista 80grados* (Puerto Rico, 2019).

찾아보기

용어 및 주제

인명, 도서, 단체

페미니즘으로 부채 읽기

1판 1쇄 2025년 2월 28일

지은이 베로니카 가고, 루시 카바예로
옮긴이 김주희, 황유나
펴낸이 김수기

펴낸곳 현실문화연구
등록 1999년 4월 23일 / 제2015-000091호
주소 서울시 은평구 불광로 128 배진하우스 302호
전화 02-393-1125 / **팩스** 02-393-1128 / **전자우편** hyunsilbook@daum.net
ⓗ blog.naver.com/hyunsilbook ⓕ hyunsilbook ⓧ hyunsilbook

ISBN 978-89-6564-303-6 (03300)